小学数学过程目标的课程教学研究

赵 娜 孔凡哲 著

中国纺织出版社有限公司

图书在版编目（CIP）数据

小学数学过程目标的课程教学研究 / 赵娜，孔凡哲著 . -- 北京：中国纺织出版社有限公司，2024.5
ISBN 978-7-5229-1814-3

Ⅰ．①小⋯　Ⅱ．①赵⋯　②孔⋯　Ⅲ．①小学数学课-教学研究　Ⅳ．①G623.502

中国国家版本馆 CIP 数据核字（2024）第 110550 号

责任编辑：张　宏　　责任校对：高　涵　　责任印制：储志伟

中国纺织出版社有限公司出版发行
地址：北京市朝阳区百子湾东里 A407 号楼　邮政编码：100124
销售电话：010—67004422　传真：010—87155801
http://www.c-textilep.com
中国纺织出版社天猫旗舰店
官方微博 http://weibo.com/2119887771
天津千鹤文化传播有限公司印刷　各地新华书店经销
2024 年 5 月第 1 版第 1 次印刷
开本：710×1000　1/16　印张：13
字数：200 千字　定价：98.00 元

凡购本书，如有缺页、倒页、脱页，由本社图书营销中心调换

前　言

"应试教育"的局限在于忽视教育活动的过程属性和过程价值。因此，《国家基础教育课程改革纲要（试行）》在其"基础教育课程改革的具体目标""课程标准"和"教学过程"中三次强调"过程"。为响应《国家基础教育课程改革纲要（试行）》要求，21世纪颁布的三版数学课程标准，即《全日制义务教育数学课程标准（实验稿）》《义务教育数学课程标准（2011年版）》《义务教育数学课程标准（2022年版）》，都对"过程目标"有所体现并不断发展。从《全日制义务教育数学课程标准（实验稿）》到《义务教育数学课程标准（2022年版）》，过程目标的相关表述发生了一些变化。一是概念由"过程性目标"更新为"过程目标"。二是行为动词进行了两次新增，一次是"尝试"作为"经历"的同义词出现，另一次是"感悟"成为新的行为词。三是过程目标的作用不断更新，但越显重要。四是各等级水平目标的内涵不断发展，并初步定型，即经历（感受、尝试）是指有意识地参与特定的数学活动，感受数学知识的发生发展过程，获得一些感性认识；体验（体会）是指有目的地参与特定的数学活动，验证对象的特征，获得一些具体经验；感悟是指在数学活动中，通过独立思考或合作交流，获得初步的理性认识；探索是指在特定的数学情境下，独立或合作参与数学活动，理解或提出问题，寻求解决问题的思路，获得确定的结论。

"过程目标"是课程改革的一个创新举措，是形成核心素养的基础和条件。过程目标是课程自身期望实现的过程预期和意图。数学过程目标就是数学课程期望学生参与数学活动以获得数学经验的预期。这一定义至少规定了过程目标的两个要点：其一，过程不是目标，过程的预期和意图才是目标，过程目标"变'追求学习的结果'为'强调学习的过程'"；其二，不是所有的过程预期都是目标。经历、体验、感悟、探索的过程本身不是目标，经历、体验、感悟、探索的预期，即借助过程，经历、体验、感悟、探索有所发展才是目标；不是任何一个过程都可以成为过程目标，必须是符合课程目标、符合学生发展的过程才能成为过程目标。数学课程"应当以学生的认知发展水平和已有经验为基础，以数学知识的发生发展、创造应用为线索，以学生能得到更好的发展为目的，引导学生积极主动地参与到特定的数学活动中，积淀促进其全面发展的相关经验"。这就是过程目标在数学课程中的具体内涵。

在课程目标由以"双基为本"发展为以"能力立意"甚至以"素养为宗"的背景下，数学课程教学如何随之调适与更新，成为课程改革深化阶段的新挑战。现行数学课程教学中，结果目标已得到很好的呈现与落实，而针对过程目标的课程教学研究还一直在路上。

本书在核心素养为引领的课程改革背景之下，以过程目标为主题，进行过程目标的教科书呈现与教学呈现研究。研究采用文献分析法、专家咨询法、内容分析法、视频分析法，从小学数学过程目标的概念内涵、课程标准呈现、教科书呈现、教学呈现四个方面展开研究。首先，运用文献分析法，对数学过程目标的概念内涵进行界定。其次，运用文献分析法，梳理和分析小学数学课程标准中的过程目标，探析过程目标的基本规定。再次，运用专家咨询法，获得"小学数学过程目标教科书呈现分析框架（正式版）"。运用内容分析法，对北师版6册12本小学数学教科书的相关内容进行分析，获得小学数学过程性目标教科书呈现的现状。最后，运用专家咨询法，获得"小学数学过程目标教学呈现分析框架"，运用内容分析法，对前期录制的D、J、Z三校的34节（共1360时）教学视频进行分析，获得小学数学过程目标教学呈现的现状。

本书是在博士论文基础上更新完善而成。导师孔凡哲教授从论文选题到书稿完成、从思路敲定到文字斟酌给予莫大帮助。由于自身水平及学识有限，书稿并非完美无瑕，若有不足之处，恳请广大读者批评、指正。

赵娜
2023年10月

目 录

第一章 绪 论 ·· 1
一、小学数学过程目标的研究背景 ······································ 1
二、小学数学过程目标的研究问题 ······································ 3
三、小学数学过程目标的研究方法 ······································ 3
四、小学数学过程目标的研究思路 ······································ 7

第二章 数学过程目标概述 ·· 9
一、过程目标的缘起 ·· 9
二、过程目标的内涵 ·· 14
三、过程目标的表达 ·· 19
四、过程目标的价值 ·· 22

第三章 过程目标在数学课程标准中的发展 ··························· 27
一、过程目标在数学课程标准中的描述性发展 ···················· 27
二、过程目标在数学课程标准中的数字化发展 ···················· 31
三、相关结论与启示 ·· 38

第四章 过程目标课程教学定量分析设计 ······························ 41
一、过程目标教科书与教学呈现的内涵分析 ······················· 41
二、过程目标教科书与教学呈现分析框架的设计 ················· 46
三、过程目标教科书与教学呈现分析框架的确认 ················· 55
四、过程目标教科书与教学呈现的分析过程 ······················· 67

第五章　小学数学过程目标在教科书中的呈现 ………………………… 73
一、小学数学过程目标教科书呈现的现状 ……………………………… 73
二、小学数学过程目标教科书呈现的特点 ……………………………… 76
三、小学数学过程目标教科书呈现的案例分析 ………………………… 78
四、小学数学过程目标教科书呈现的现实困境 ………………………… 113
五、小学数学过程目标教科书呈现的相关建议 ………………………… 116

第六章　小学数学过程目标在教学中的呈现 …………………………… 125
一、小学数学过程目标的教学呈现现状 ………………………………… 125
二、小学数学过程目标教学呈现的特征 ………………………………… 131
三、小学数学过程目标教学呈现的现实困境 …………………………… 151
四、过程目标教学落实的相关建议 ……………………………………… 152

第七章　小学数学过程目标研究的基本结论与讨论 …………………… 157
一、小学数学过程目标研究的基本结论 ………………………………… 158
二、关于小学数学过程目标研究的进一步讨论 ………………………… 160

参考文献 …………………………………………………………………… 163

附　录 ……………………………………………………………………… 171
附录Ⅰ　北师版数学教科书中过程目标呈现统计表 …………………… 171
附录Ⅱ　课堂实录的过程目标统计数据表 ……………………………… 184
附录Ⅲ　过程目标教学呈现与教科书一致性统计表 …………………… 186
附录Ⅳ　课堂实录 21 …………………………………………………… 188

第一章　绪　论

在课程目标由以"双基为本"发展为以"能力立意"甚至以"素养为宗"的背景下，数学课程教学如何随之调适与更新，成为课程改革深化阶段的新挑战。现行数学课程教学中，结果目标已得到很好的呈现与落实，而针对过程目标的课程与教学的呈现与落实仍需深入探索。

一、小学数学过程目标的研究背景

过程目标研究是课程深化改革的时代诉求。在我国，过程目标是在课程改革深化过程中逐步被提出并发展起来的。2001年颁布的《国家基础教育课程改革纲要（试行）》（以下简称《课程改革纲要》）特别强调"过程"。21世纪以来的三版数学课程标准在不同程度上回应了"过程"之要求，逐步提出并更新过程目标的内涵与表达。可见，过程目标的研究不仅带有浓厚的改革色彩，更具有强烈的时代诉求。同时，过程目标的国际关注度持续升温。美国、德国、英国、日本、荷兰等国家，都在数学领域的课程与教学标准中强调"过程"。美国课程标准中的后五条是过程性标准，包括问题解决、推理与证明、交流、联系、表示；德国数学教育标准中包括过程维度，用来描述宏观的数学能力；英国数学课程目标中含有"运用和应用数学"的过程目标，学习目标中强调"数学交流"和"参与调查与问题解决"；日本数学课程标准中提出"数学地思考、表达、处理问题"和"欣赏数学应用数学的态度"；荷兰数学课程标准中强调了"数学态度""数学思维""数学鉴赏能力""数学情感""生活经验"等；澳大利亚数学课程标准分为"知识与技能""过程与方法""应用与问题解决"三部分。虽然各国数学课程标准并没有明确提出"过程目标"，但在相关表述中均或多或少涉及了"过程性"的目标，可见过程目标将是一种课程目标趋势。

过程目标研究是教科书研究的探索性延伸。关于教科书研究，威布瑞那指出三种类别：过程取向研究、产品取向研究和接受取向研究。所谓接受取向，是指将教科书视为教学分析的一部分，研究教科书于教学主体而言的影响和效益等。一直以来，教科书产品取向的研究是主流，而关于教科书生产、发行、使用和评价则相对边缘化。这可能与我们国家的教科书制度有关。但随着市场化经济的发展，接受取向的教科书研究也开始呈现炙热之势。产品取向和接受取向的教科书研究可以统称为教科书质量研究，分别诠释教科书的静态质量和动态质量。教科书质量研究主要集中于三方面：教科书质量的理论研究、教科书质量的实证研究、教科书质量的方法研究。

综观小数教科书研究的文献，研究内容大体涉及八个方面，进行小数教科书比较研究和内容研究的文献最多。[1] 细致分析后发现：无论是比较研究还是内容研究，本质上都是一种产品取向研究，即从中外或不同版本教科书的比较研究中获得小学教科书的质量，或从内容、结构等视角出发衡量小学教科书当前质量，以期进一步完善和提升；已有研究所使用的研究方法，则逐步突破传统的经验总结和理念思辨等，开始关照调查法、内容分析法等实证研究方法。2000 年，《教科书质量研究方法的探索》出版，书中所建构的"难度模型"和"教师使用教科书水平模型"开启了小学教科书质量研究系统化的时代，其中，"难度模型"即是"产品取向"的小学教科书静态质量研究工具，"教师使用教科书水平模型"即"教师接受取向"的小学教科书动态质量研究工具。"难度模型"与"教师使用教科书水平模型"使教科书质量研究走上了"定量刻画、定性诠释"的方法之路，为教科书质量研究提供了一种研究方法的可能和参考。虽然"难度模型"尝试从课程广度、课程深度与课程时间的反比例关系出发定量刻画课程质量是一种方法的创新，但不能否认，它有其自身的缺陷。课程广度与课程深度的刻画是通过知识点的数量以及其认知程度进行计量的。这就不可避免地存在一个问题：刻画所关照的是知识技能。在课程目标定位由"只重结果"过渡为"既重结果，更重过程"的时代，关于教科书质量的研究也应该更新发展以与之匹配。否则，"用旧办法解决新问题"，即使再努力，也是无用之功。教科书质量研究仍需要倾向"非知识技能"的刻画与评价探索，以填补当前教科书质量研究的空白。

---

[1] 魏佳，罗萍萍. 回顾与反思：小学数学教科书研究综述（2001~2010）[J]. 课程·教材·教法，2012，32（2）：55-61.

二、小学数学过程目标的研究问题

如前所述，过程目标是数学课程目标的重要组成部分，但还未开展专门且系统的研究。因此，借助小学数学学科，深入系统地研究"数学过程目标"的相关问题，特别是小数数学过程目标是什么，以及小学数学过程目标的课程标准呈现如何，教科书呈现如何，教学呈现如何。这是开展过程目标研究的恰当视角。

基于以上分析，本研究的基本思路如下。

首先是基础研究，即数学过程目标的概念内涵、价值意义、具体表征之理论分析。

其次是主体研究，即小学数学过程目标的课程标准呈现、教科书呈现、教学呈现及其一致性的现实考查。

最后是围绕"小学数学过程目标"展开理论与实践研究，具体研究问题如下：

①数学过程目标是什么？
②小学数学过程目标在课程标准中的发展如何？
③过程目标的教科书呈现如何？现实困境是什么？如何优化？
④过程目标的课堂教学呈现如何？现实困境是什么？如何优化？

三、小学数学过程目标的研究方法

根据研究目的和研究问题，研究采用"定量刻画、定性诠释"的研究范式。具体而言，本研究综合运用文献分析法、内容分析法、专家咨询法、视频分析法等量化与质化相结合的研究方法，力求达到最佳的研究效果。问题①是关于"是什么"的探讨，即过程目标是什么。针对这一问题，主要运用文献分析法进行理论探析和论证，包括探讨过程目标及数学过程目标的基本概念与内涵等。问题②是关于"怎么样"的探讨，即在数学课程标准中，小学数学过程目标是如何发展与变化的。针对这一问题，主要运用内容分析法进行分析与讨论。问题③是关于"怎么样"的探讨，即小学数学过程目标在教科书中的呈现如何。针对这一问题，主要运用内容分析法、专家咨询法。问题④是关于"怎么样"的探讨，即小学数学过程目标在教学中的呈现如何。针对这一问题，主要运用内容分析法、专家咨询法和视频分析法。

表1-1说明了不同研究问题使用的研究方法和分析方法。

表1-1　具体问题的研究方法与分析方法

研究问题	研究方法	分析方法
数学过程目标的概念及内涵	文献分析法	文献梳理
小学数学过程目标在课程标准中如何发展与变化	内容分析法	文献梳理、编码分析
小学数学过程目标教科书及教学呈现分析框架	专家咨询法、半结构访谈	统计分析、描述性分析
小学数学过程目标在教科书中的呈现现状	内容分析法	文本分析、编码分析、描述性分析、统计分析
小学数学过程目标在教学中的呈现现状	视频分析法	描述性分析、统计分析

（一）文献分析法

文献分析法指通过对收集到的与研究相关的文献资料进行梳理分析，以探明研究对象的性质和内涵，并从中引出自己观点的研究方法。文献分析法旨在帮助研究者形成关于研究对象的一般印象，使研究者充分把握研究对象的历史动态，为后续深入透彻地研究奠定基础。文献分析法的一般步骤分为两步：第一步，根据研究主题，搜集与研究相关的档案资料、日记笔记传记、公开出版的书籍刊物等文献资料；第二步，按照研究目的，多次分析已有文献资料，以便获得研究者自我观点。文献分析法多采用描述性分析，这是与内容分析法最大的不同之处。

本研究的文献分析法主要运用于"过程目标的概念内涵"的研究内容中。针对"数学过程目标"，通过梳理和分析相关文献，阐述其概念内涵。

（二）专家咨询法

专家咨询法指通过征询相关领域的专家的意见和建议，并基于其意见与建议进行分析的方法。专家咨询法包括专家个人咨询法、专家集体咨询法、德尔菲法等。本研究中的专家咨询法主要是专家个人咨询法，即每个专家的咨询意见是独立存在的，且不具有终决性，相关结论是结合所有被征询专家的意见与建议而形成的。专家个人咨询法有专家访谈和专家调查两种方式。

本研究中的专家咨询法主要运用于"小学数学过程目标教科书呈现及教学呈现"这一研究内容中，以专家调查为主，辅以半结构式访谈。通过目的性抽样分别选取了高校、教研机构、小学中数学教育相关专家 15 位，向其发放《小学数学过程目标教科书呈现分析框架的专家咨询问卷》和《小学数学过程目标教学呈现分析框架的专家咨询问卷》，来咨询小学数学过程目标教科书及教学呈现分析框架及其分析示例的合理性，力求确定出科学、合理的小学数学过程目标教科书及教学呈现分析框架。

（三）内容分析法

内容分析法（content analysis）是"透过量化的技巧以及质的分析，以客观及系统的态度，对文件内容进行研究与分析，藉以推论产生该项文件内容的环境背景及其意义的一种研究方法"❶。也就是说，是系统分析以符号或语言为载体的文本资料所要表达"潜在的知识"或者"特殊现象的理解"❷ 的一种研究方法。其中，文本资料包括言语形式的谈话、访谈，书面形式的文献、会议记录、资料和电子形式的网页、录像等。内容分析法已经具备系统严格的程序，一般经历确定内容分析的目的、整合、取样、编码、分析、验证效度 6 个步骤，如图 1-1❸ 所示。内容分析的研究过程主要是通过对文本资料进行系统分类及编码所进行的主观解释。

内容分析法既可以是定量分析，也可以是定性分析。其中，定性的内容分析法包括传统、定向和总结性三种类型❹。具体而言，传统内容分析法是对文本资料直接编码，分析框架的形成来源于编码不同类别的总结概括；定向内容分析法是根据现有理论或已有研究结果形成编码，分析框架来自理论本身的检验或完善；总结性内容分析法的编码过程相对烦琐，首先，从大量文献梳理中统计出关键词句；其次，基于对关键词句的分析进行编码；最后，根据关键词句在原文中所传达的信息进行分析和解释，并形成分析框架。内容分析法的关键在于形成分析框架，以便对文本实现定量分析，这是与文献分析法最大的不同之处。

---

❶ 欧用生. 开放社会的教育改革 [M]. 中国台北：心理出版社，1992：150.
❷ Downe-Wamboldt B. Content analysis: Method, applications, and issues [J]. Health care for women international, 1992, 13 (3): 313-321.
❸ Klaus Krippendorff. Content Analysis [M]. Los Angeles Annenberg School for Communication Departmental Papers, 1989: 403-407.
❹ Hsieh H F, Shannon S E. Three approaches to qualitative content analysis [J]. Qualitative health research, 2005, 15 (9): 1277-1288.

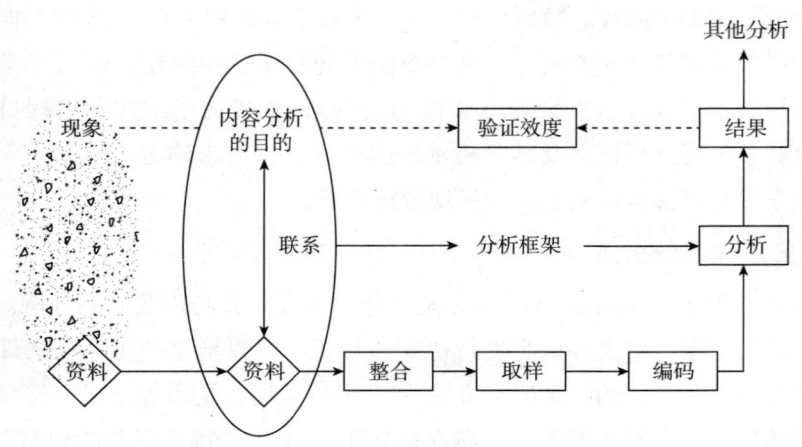

图 1-1 内容分析过程图

本研究中内容分析法主要运用在小学数学过程目标的课程标准发展和教科书呈现的研究内容中。关于小学数学过程目标的课程标准发展研究，是以 21 世纪以来颁布的三版数学课程标准为对象，针对涉及小学的过程目标条目进行梳理、提取、分析，获得小学数学过程目标的课程标准发展规律与特征。关于小学数学过程目标的教科书呈现研究，主要以北师版、人教版、苏教版最新修订的一至六年级的 12 册《义务教育教科书·数学》为对象，着重就"过程目标"，设计分析框架，对教科书中涉及过程目标的相关内容进行提取、编码、分析、讨论。

（四）视频分析法

"视频分析提供了一种新的技术和路径，让研究者更好地分析真实课堂情境下的教——学发生过程，为各种类型的涉及教学过程的研究提供了新的选择"[1]。课堂教学中，教师的言语行为，无论是具有计划性、目的性的，还是潜意识的、随机的，都可以直接反映教师的教学现状。通常情况下，课堂教学中教师的语言和行为常常属于半计划状态，是在教学设计和预设的基础上，根据学生的语言与行为做出的即时性反馈。

本研究中的视频分析法主要运用在小学数学过程目标的教学现状考查的研究内容中。以"过程目标"为主要观测点，对 40 节课堂教学视频中教师

---

[1] 郑太年，仝玉婷. 课堂视频分析：理论进路、方法与应用 [J]. 华东师范大学学报（教育科学版），2017（3）：153.

所展现的对过程目标的渗透语言与行为进行分析与归纳，进而描述小学数学过程目标的教学呈现现状。

四、小学数学过程目标的研究思路

围绕主要研究内容，本研究过程分为基础研究和主体研究两个阶段，共包括四项主要内容。

（一）基础研究

主要解决两个问题，一是数学过程目标的概念内涵是什么；二是小学数学过程目标在课程标准中如何发展与变化。

（二）主体研究

主要解决两个问题，一是小学数学过程目标在教科书中的呈现现状如何；二是小学数学过程目标在教学中的呈现现状如何。

本研究的研究思路如图 1-2 所示。

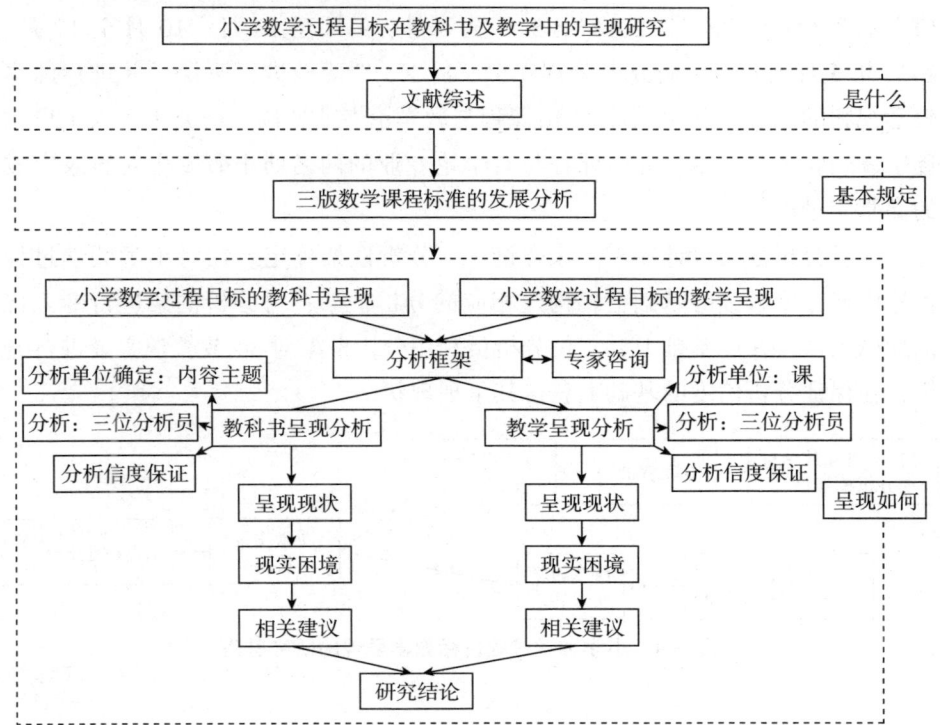

图 1-2　研究思路图

1. 小学数学过程目标教科书呈现的研究思路

如图 1-3 所示，小学数学过程目标教科书呈现研究的开展，是以北师版、人教版、苏教版小学数学教科书为例，进行专门研究。在对小学数学过程目标内涵深度解读的基础上，构建分析框架；对分析框架进行专家咨询加以确认；三位分析员利用分析框架对三版小学数学教科书进行定量分析，在保证分析信度的基础上获得其呈现现状。

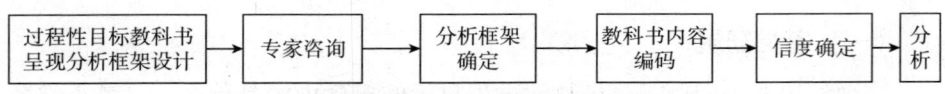

图 1-3　小学数学过程目标教科书呈现的研究思路

2. 小学数学过程目标教学呈现的研究思路

如图 1-4 所示，小学数学过程目标教学现状的考察，按照两条主线同时进行。

一是课堂教学视频的搜集——课堂教学实录转录。基于质性研究的非概率抽样原则，采用目的性抽样的方法，抽取了 D、J、Z、T 四所学校作为本研究的资料收集学校。2018 年 5 月至 6 月、9 月至 10 月、10 月至 11 月、2022 年 3 月至 6 月，研究者分别在 D、J、Z、T 四校进行听课，并进行课堂教学视频的录制，共 40 节课；由课程与教学论专业的硕士研究生以人工形式逐字逐句转录为文本，并由课程与教学论专业的两名博士研究生对转录完成的课堂实录进行校对。

二是分析框架设计——专家咨询——分析框架确定。在对小学数学过程目标内涵深度解读的基础上，构建相应的分析框架；对分析框架进行专家咨询加以确认。在此基础上，三位分析员利用分析框架对 34 节教学实录进行分析，在保证分析信度的基础上获得其呈现现状。

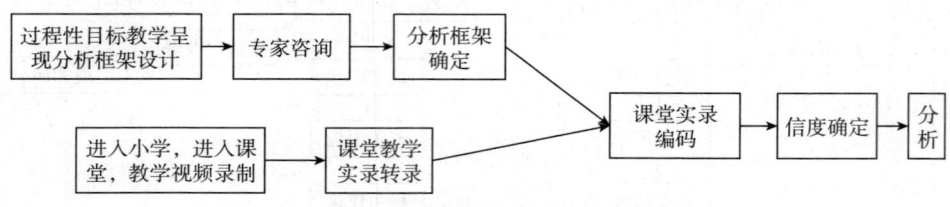

图 1-4　小学数学过程目标教学呈现的研究思路

第二章 数学过程目标概述

"过程目标"是课程改革的一个创新举措[1],是形成核心素养的基础和条件[2]。厘清中小学数学过程目标缘何而起、意欲为何、何以表达,是过程目标进行课程教学研究的前提与关键。

一、过程目标的缘起

过程目标缘何而起,是理论、实践与现实共同促进的结果。

(一)理论基础:课程理论发展的应然要求

"把'过程'作为目标并不是空穴来风,自有它的思想来源"[3]。20世纪,瑞士心理学家皮亚杰提出了"发生认识论"。美国著名教育家布鲁纳从皮亚杰的"发生认识论"出发,提出了"在教学过程中学生是一个积极的探索者。教师的作用是要形成一种学生可以独立探究的情境,而不是提供现成的知识……要让学生自己思考,参与知识获得的过程"[4]的核心观点,强调学习的本质是学生主动地发现学习。只有学生亲自发现的知识才是真实属于他自己的。这也被称为建构主义。建构主义强调,学习是学生在已有经验的基础上与客观世界相互作用而建构的,是一种过程性的学习[5]。"互动建构"隐藏着的"过程"与过程目标的内涵一致。发现学习理论强调基于主动发现获得知识,"发现"本身就是一个"过程",这与过程目标的本质一致。"再创造"理论强调让学生按照数学发生发展过程"再创造"知识,核心就是同时关注知识过程与创造过程,这与过程目标的理念一致。这些理论为过程目

---

[1] 于鸿丽. 对过程性教育目标的思考[J]. 数学通报,2011,50(5):21-22.
[2] 中华人民共和国教育部制定. 义务教育数学课程标准(2022年版)[S]. 北京:北京师范大学出版社,2022.
[3] 郑林. 中学历史课程"过程"目标相关问题探讨[J]. 历史教学问题,2010(1):111-115.
[4] 王晓民. 中学数学知识发生过程教学的研究[D]. 西安:陕西师范大学,2002:11.
[5] 高文,徐斌艳,吴刚. 建构主义教育研究[M]. 北京:教育科学出版社,2008(2).

标的提出奠定了基础。

首先,过程目标在不同课程形态中有不同程度的历史渊源。课程史上有各种不同形态的课程,其中最为典型的有三种:知识中心课程、学习者中心课程、社会中心课程。不同课程形态对课程目标有不同侧重,但"都注重过程"❶。知识中心课程将目标定位于让学生掌握既定的基本知识,看似与"过程"风马牛不相及,但从布鲁纳开始,就已开始超越单纯的"知识结果",而强调"学习和体验知识结构"❷,或者说注重"掌握知识的过程",在"过程"中把握知识。布鲁纳倡导的课程并非只关注学科知识本身,而是期望学生能够像科学家、数学家那样去掌握该领域的知识结构,体验知识过程。学习者中心课程可以追溯到昆体良的"课程最好由学习者的兴趣决定"。卢梭、裴斯泰洛奇、福禄贝尔等作为学习者中心的倡导者主张生成性目标。生成性目标虽不是把"过程"直接当作"目标",却强调目标要在过程之中形成。社会中心课程的核心与目标指向解决社会问题的过程。社会中心课程的目标是探究和解决社会问题。"与真实世界相联系并通过集体努力将世界改造得更加美好是社会中心课程的核心"❸。社会中心课程强调的"过程"虽是指向性极强的解决问题的"过程",但也确实在关注"过程",而非"社会问题被解决"这一结果。可见,把"过程"作为目标早已蕴含在三大课程形态中,具有一定的历史渊源。我国新课改把"过程"作为目标提出,"可以算是基础教育发展史上的一大创新"❹。

其次,过程目标是不同课程目标取向发展的必然产物。自泰勒之后,"行为目标几乎成了课程目标的同义词"❺。"行为目标"将学习过程陈述为具体的、可观察的行为,即指明了课程实施后,受教育者应当实现的行为变化以及变化所应达到的水平。"行为目标"将学习过程异化为被动受操纵的机械过程,消解了人作为学习主体的能动性和个性发展的权利。尽管教育结果很多时候可以外化为显性的行为,但诸如情感、态度、审美这样的素质却难以具体化为外显的行为,而且,受教育者在意识层面生成的"行为目标"是难

---

❶ 郑林. 中学历史课程"过程"目标相关问题探讨 [J]. 历史教学问题,2010(1):111-115.
❷ 亚瑟·K. 埃利斯. 课程理论及其实践范例 [M]. 张文军,译. 北京:教育科学出版社,2005.
❸ 亚瑟·K. 埃利斯. 课程理论及其实践范例 [M]. 张文军,译. 北京:教育科学出版社,2005.
❹ 郑林. 中学历史课程"过程"目标相关问题探讨 [J]. 历史教学问题,2010(1):111-115.
❺ 施良方. 课程理论课程的基础、原理与问题 [M]. 北京:教育科学出版社,1996:85.

以触及到的。"生成性目标"规避了"行为目标"对过程的忽略，是基于过程主动建构而非强加的目标。"如果说行为目标关注的是结果，那么展开性目标关注的是过程"❶。"生成性目标"最根本的特点就是过程性❷，"生成"几乎成为"过程"的代名词❸，但"生成"不是"过程"的全部，"教育的过程就是学生的发展过程，而这一过程具有预设和生成的双重属性"❹。"表现性目标"是艾斯纳针对非知识技能目标而提出的，旨在规定学习任务或学习问题亦或学习情境，而不明确规定其结果。张华先生译作教学性目标，强调学生或儿童多元化、个性化的表现，关注学生的创造性。行为目标极大地关注了课程作用于受教育者产生的结果，而不是过程。以批判行为目标而生的生成性目标和表现性目标必然开始关注而且强调课程作用于受教育者的过程。我国21世纪的课程改革中提出并不断更新的过程目标，既是对行为目标的有效补充，也是生成性目标在实践上的最大尝试❺，还是表现性目标在实践上的保守性尝试。

"过程属性是教育活动的基本属性，教育活动的过程属性就是生成性和发展性。"❻"过程称为课程目标"或"过程目标"是课程理论发展的必然结果，也是课程理论发展的最大贡献。

(二) 实践基础：课程深化改革的实然表现

我国的新课程改革是以"过程成为课程目标"为背景，同时也在不断践行"过程成为课程目标"。2001年6月8日，为贯彻《中共中央国务院关于深化教育改革全面推进素质教育的决定》和《国务院关于基础教育改革与发展的决定》，教育部印发了《课程改革纲要》，拉开了新的基础教育课程改革的序幕。新的基础教育课程体系涵盖幼儿教育、义务教育和普通高中教育，小学数学课程也在改革之列。《课程改革纲要》虽没有提出"过程目

---

❶ 施良方. 课程理论课程的基础、原理与问题 [M]. 北京：教育科学出版社，1996：86.
❷ 张华. 课程与教学论 [M]. 上海：上海教育出版社，2000：174.
❸ 郭元祥. 论教育的过程属性和过程价值生成性思维视域中的教育过程观 [J]. 教育研究，2005（5）：3.
❹ 郭元祥. 论教育的过程属性和过程价值生成性思维视域中的教育过程观 [J]. 教育研究，2005（5）：3.
❺ 王晓荣. 高中历史课程过程目标研究 [D]. 金华：浙江师范大学，2010.
❻ 郭元祥. 论教育的过程属性和过程价值生成性思维视域中的教育过程观 [J]. 教育研究，2005（5）：3.

标",也没有明确规定"过程"必须成为课程目标,但三次强调了"过程"。首先,在"基础教育课程改革的具体目标"中提出,"改变课程过于注重知识传授的倾向,强调形成积极主动的学习态度,使获得基础知识与基本技能的过程同时成为学会学习和形成正确价值观的过程"❶。这里"过程"虽然还没有像"知识""技能"一样成为独立的课程目标,但它在强调"过程"的重要性,强调"知识""技能"的获得需要过程,需要与过程同步进行。其次,规定国家课程标准"应体现国家对不同阶段的学生在知识与技能、过程与方法、情感态度与价值观等方面的基本要求"❷。这里的"过程"与"方法"合用,与"知识与技能""情感态度与价值观"并列,成为"三维目标"之一。最后,强调"过程"不仅限于学习过程,也关注教学过程,虽然这里的"过程"聚焦教学场,但也从侧面反映出"过程"的重要性,只有课程与教学一脉相承地强调"过程","过程"才能获得高效地落实。

《课程改革纲要》强调国家课程标准应体现"过程与方法",这是"过程"成为目标的基调。21世纪以来的三版数学课程标准对课程目标进行了不同程度的"过程表述"。《义务教育数学课程标准(实验稿)》(以下简称《数学课标(实验稿)》)提出了"过程性目标",并使用"经历(感受)、体验(体会)、(探索)"❸等行为动词刻画过程性目标的不同水平。《义务教育数学课程标准(2011年版)》(以下简称《数学课标11版》)中多次出现"过程"一词,例如,强调课程内容"不仅包括数学的结果,也包括数学结果的形成过程",强调课程组织"要重视过程",强调教学活动"是师生积极参与、交往互动、共同发展的过程",强调"学生应当有足够的时间和空间经历观察、实验、猜测、计算、推理、验证等活动过程",强调学生学习"是一个生动活泼的、主动的和富有个性的过程",强调学习评价"要全面关注学生数学学习的过程"。"过程"覆盖课程、教学、学习、评价的方方面面。更为重要的,《数学课标11版》不仅强调"过程",更是将"过程目标"

---

❶ 走进新课程与课程实施者对话 [M]. 北京:北京师范大学出版社,2002:253-254.
❷ 走进新课程与课程实施者对话 [M]. 北京:北京师范大学出版社,2002:255.
❸ 教育部制订. 全日制义务教育数学课程标准(实验稿)[M]. 北京:北京师范大学出版社,2001.

作为概念提出，表明"数学课程目标包括结果目标和过程目标"❶。即使是参照《义务教育课程方案（2022年版）》修订的《义务教育数学课程标准（2022年版）》（以下简称《数学课标22版》）也没有放弃对"过程"的落实。《数学课标22版》在"课程目标"部分并没有继续延续《数学课标11版》的呈现，即没有特别指出"过程目标"与"结果目标"，但并未舍弃对过程目标的行为描述，而是对此进行了补充、更新，并特别强调课程组织要"重视数学结果的形成过程，处理好过程与结果的关系"。这充分说明"过程"依旧是重要的，尤其是对于新确定的数学核心素养的培养而言。

（三）现实基础：数学教育发展的内在规定

过程目标是现代数学观的内在要求，更是数学教育的现实规定。科学的不断进步"突出强调由静态的、绝对主义的、机械反映论的传统数学观向动态的、经验的与拟经验的、模式论的数学观的必要转变"❷。现代数学具有双层特性，既强调数学的形式化，更关照数学的经验性或者数学的活动论。数学活动论认为数学是由问题、语言、方法和观念等经验成分构成的复合体，是具有创造性的活动过程，而不单指数学活动的最终产物，如结论、概念、公式等。现代数学观指引我们在数学教育中不能只进行具体结论与公式的教授，更应突出具体结论与共识产生的过程和方法。弗赖登塔尔指出：数学教育应该尊重数学科学历史的、本来的面目，还原数学事实艰苦曲折的过程，让学生在数学知识的发生、发展和形成的过程中，经历质疑、猜想、尝试、推理、归纳等活动，让学生看到活生生的数学。数学教育不仅要重视抽象的一面，还要重视数学发现、数学创造的一面。数学教育中的数学应该尊重数学科学历史的、本来的面目，应当是发明、发现中的数学，是成长、形成中的数学，而不应当是教出来或学出来的数学。数学教育中，数学公理体系、数学形式体系、数学程式的教育更应是相应过程的教育，让学生把学习知识技能的过程变成掌握思想方法和学会学习的过程。数学学习的核心是让学生亲身"再创造"数学，像数学家发现数学一样。另外，真实的数学发展过程并不是一帆风顺的，是充满犹豫和徘徊的，是历经艰难曲折的，甚至会

---

❶ 中华人民共和国教育部制定. 义务教育数学课程标准（2011年版）[S]. 北京：北京师范大学出版社，2012：2-4.

❷ 郑毓信. 数学教育哲学[M]. 成都：四川教育出版社，2001：187.

面临危机，如虚数的产生。用数学结果来叙述数学事实，掩盖了数学的发展历程。在数学教育中，让学生体验数学产生与发展的曲折，以及数学家为之付出的艰辛，更有利于数学精神的培育。如此来讲，重视"过程"的数学教育，不仅能夯实学生的知识技能，更有助于数学思维、数学精神、数学情感的养成，也更能激发学生数学发展潜力。数学的发生与发展的过程也是人类数学思维不断向前发展的过程，这也是数学教育中最有价值的部分。现代社会需要创新人才，教育关照的不再是"无所不知"，而是"无所不会"。这里的"无所不会"并不是强调"什么都会，无所不能"，而是指向学生要有"会"的能力、"会"的素质，也就是适应社会发展与学生成长的关键能力与必备品格。对学生而言，只有经历、感悟数学过程，才能在"过程"中领悟数学本质，获得创新意识与能力；只有经历从具体情境中抽象数学模型、将实际问题转化为数学问题、完善数学模型、运用数学的过程，才能获得模型思想与应用能力；只有在小组合作、独立探究的过程中，才能感受数学发现的喜悦，获得成功的体验，从而增强学生学好数学的自信心，获得全面的发展。尤其需要指出的是，新时代数学核心素养的提出更需要过程目标的引领而非结果目标。

二、过程目标的内涵

过程目标是数学活动与数学经验的双规定。

（一）过程目标是"过程"视域的课程目标解读

"过程"作为目标这一提法，曾一度引起争议。以布卢姆目标分类学为依据，"方法"属于程序性知识，可以作为目标，但"过程"作为目标是难以理解的，也是难以操作的❶，"过程"对于教师而言只是手段，对于学生而言便是目标❷。"过程"能否作为课程目标，在课程标准明确"过程目标"一词之前，一直颇有争议。"我国新世纪的课程改革把'过程'作为目标明

---

❶ 魏宏聚. 新课程三维目标表述方式商榷——依据布卢姆目标分类学的概念分析 [J]. 教育科学研究，2010（4）：10-12，16.

❷ 张汉林. 谁的"过程与方法"——三论"过程与方法"目标 [J]. 中学历史教学，2007（7）：25-26.

确写进课程标准，可以算是基础教育发展史上的一大创新"❶。作为目标的"过程"是什么，也各执一词。"过程"是指发展学生相应的智力技能和操作技能、科学态度、学习方法和策略、价值观以及心理个性等心智探究活动❷；"过程"包括学生外在的学习活动过程和内在的学习思维过程❸；等等。但较为一致的是："过程"以学生为主体，以活动经验和思维发展为目标。换句话说，"过程"是知识发展过程与认知发展过程的统一体。

"过程"是名词，指事情进行或事物发展所经过的程序，如认识过程、生产过程等，也可作历程，指事物的连续变化或进行的途径，如自然之过程，心理的过程❹。可见，过程是指事物在一段时间或空间内所发生的持续变化。英国哲学家阿尔弗雷德·诺斯·怀特海提出了过程哲学，其代表作《过程与实在》"把世界的本质理解为过程，认为世界的实在性正在于它的过程性，过程就是世界，世界就是过程"❺。虽然怀特海的过程哲学将过程放置于一种近乎神圣的境界。但无法否认的是，世界充满着过程。过程是一种客观存在，过程会随着时间推移不断消亡，留下的只是经历过程后取得的结果。但过程是一种不同环节的集合体，是由每一环节的结果形成的流程。教育领域的过程是知识生成、发展与应用的过程，也是情感态度价值观形成的过程。换句话说，"过程"是知识、技能、情感、态度、价值观等获得的一个轨迹。以往，教育过多地关注过程中的知识性、技能性、方法性因素，却忽略了过程中的思想性、能力性和情感态度性因素。

数学过程即数学的发生发展历程，"这里的历程应看成人类用一系列数学的思想方法，不断对与实际问题有关的材料进行整理和组织的活动，即数学是人类对客观真实世界的定性把握和定量刻画，逐渐抽象概括，形成方法和理论，并进行广泛应用的过程"❻。从教育角度而言，数学过程可分为数学情景过程、数学化过程、再创造过程，也可以称为数学发现过程、数学化过程、

---

❶ 郑林. 中学历史课程 "过程" 目标相关问题探讨 [J]. 历史教学问题，2010（1）：111-115.

❷ 刘知新. 化学教育文选 [M]. 北京：高等教育出版社，2003：19，46，149.

❸ 余新武，李丹. "过程与方法" 目标在化学教学过程中的实施策略 [J]. 湖北师范学院学报（自然科学版），2011（1）：97-101.

❹ 舒新城，等. 辞海 [M]. 北京：中华书局，1981：286.

❺ 阿尔弗雷德·诺斯·怀特海. 过程与实在宇宙论研究 [M]. 杨富斌，译. 北京：中国城市出版社，2003：译者序言28.

❻ 吴群志. 数学课程改革中的过程目标及其实践问题 [J]. 数学教育学报，2004：2.

数学再创造过程。具体而言，就是"从学生已有生活经验出发，让学生亲身经历将实际问题抽象成数学模型并进行解释与应用的过程"，"数学应被看成是一个包含试验、猜想、试误、证明和改进等多种活动，并依据个体和群体共同努力实施的社会过程"❶。所以，数学产生和发展的过程应该成为数学教育中有价值的部分。

课程目标是课程的重要组成部分。课程目标是"指导整个课程编制过程最为关键的准则"，是"课程要实现的具体目标和意图"❷，是"课程设计的方向或指导原则，是预见的教育结果，是学生经历教育方案的各种教育活动后必须达成的表现"❸，也是"指一定教育阶段的学校课程力图促进该阶段学生的身心发展所要达到的预期结果。简言之，课程目标是指特定阶段的学校课程所要达到的预期结果"❹。课程目标概念的定义聚焦于课程编制设计与学生发展标准两个视角。课程目标以教育目的和培养目标为依据，是教育目标和培养目标的具体化，同时也是教学目标和学习目标的指向标。学科课程目标是学科课程的核心。学科课程目标是特定阶段学科课程预期实现的具体目标和意图，即特定阶段的学生通过学科课程应该在知识掌握、技能习得、素质提升、思想发展等方面所要达到的程度。各学科的课程标准明确规定了该学科的课程目标。

过程目标是课程目标的一个方面。《课程改革纲要》强调"过程"，提出"获得基础知识与基本技能的过程同时成为学会学习和形成正确价值观的过程"，规定课程标准要"体现国家对不同阶段的学生在知识与技能、过程与方法、情感态度与价值观等方面的基本要求"。自此，课程领域开始在关注"结果目标"的同时关注"过程目标"。史宁中教授和马云鹏教授在《义务教育数学课程标准修订过程与主要内容》中强调"目标的设计以学生的全面发展和提高数学素养为宗旨"，课程目标要"注重过程目标和结果目标的结合"❺。史宁中教授在《注重"过程"中的教育》中提出，"以知识为本的教

---

❶ 中华人民共和国教育部制定. 义务教育数学课程标准（2011年版）[S]. 北京：北京师范大学出版社，2012：2.
❷ 全国十二所重点师范大学联合编写. 教育学基础 [M]. 北京：教育科学出版社，2002：148.
❸ 黄政杰. 《课程设计》[M]. 中国台北：东华书局，1991：186.
❹ 靳玉乐. 《现代课程论》[M]. 重庆：西南师范大学出版社，1995：155.
❺ 史宁中，马云鹏，刘晓玫. 义务教育数学课程标准修订过程与主要内容 [J]. 课程·教材·教法，2012，32（3）：50-56.

育在本质上是结果性的教育","智慧不是结果,智慧是在过程中的东西","表现在过程中的东西必须通过过程来教育"❶。马云鹏教授在《数学:"四基"明确数学素养》中指出,"《数学课标11版》确定的目标有两类,一类是结果目标,另一类是过程目标,一般说来,结果目标是指向基础知识与基本技能的。过程目标更多地指向数学基本思想和基本活动经验,而数学基本活动经验主要是过程目标的体现"❷。可见,过程目标是课程目标中与结果目标成对出现的一个方面,是课程目标的下位概念。

因此,过程目标是课程自身期望实现的过程预期和意图。数学过程目标就是数学课程期望学生参与数学活动以获得数学经验的预期。数学课程"应当以学生的认知发展水平和已有经验为基础,以数学知识的发生发展、创造应用为线索,以学生能得到更好的发展为目的,引导学生积极主动地参与到特定的数学活动中,积淀促进其全面发展的相关经验"。这就是过程目标在数学课程中的具体内涵。

(二) 过程目标强调"过程预期与意图"而非"过程式知识"

目标,最通俗浅显的含义是指射击、攻击或寻求的对象,更为精准的定义应该是一种预期的主观意识形态。目标是变化的预期,是对"一种状态到另一种状态的变化"的预期,预期的变化实现就是目标的达成。在数学过程目标中,学生的经历(感受、尝试)、体验(体会)、感悟、探索的变化是什么?这是"过程目标"作为"目标"的关键问题。从"没有'体验(感受、尝试)、经历(体会)、感悟、探索'"到"获得'经历(感受、尝试)、体验(体会)、感悟、探索'",或者从"初步拥有'经历(感受、尝试)、体验(体会)、感悟、探索'"到"形成'经历(感受、尝试)、体验(体会)、感悟、探索'",是过程目标的本质。而"经历(感受、尝试)、体验(体会)、感悟、探索"后获得的活动经验、思维程序、思想方法等只能称为"过程式知识",或者直接称为"结果目标"。过程目标应该是指向学生思维过程和认知建构过程,教会学生"如何思维""如何思考",让学生掌握一种

---

❶ 史宁中. 注重"过程"中的教育——《义务教育数学课程标准》修订的若干思考 [J]. 人民教育,2012 (7):33.

❷ 马云鹏,余慧娟. 数学:"四基"明确数学素养——《义务教育数学课程标准(2011年版)》热点问题访谈 [J]. 人民教育,2012 (6):40-44.

"过程式知识"。"过程式知识"只是过程目标的落脚点,而不是过程目标本身。

过程目标是课程自身期望实现的过程预期和意图。这一定义至少规定了过程目标的两个要点:其一,过程不是目标,过程的预期和意图才是目标,过程目标"变'追求学习的结果'为'强调学习的过程'"❶;其二,不是所有的过程预期都是目标。首先,经历、体验、感悟、探索的过程本身不是目标,经历、体验、感悟、探索的预期,即借助过程,经历、体验、感悟、探索有所发展才是目标;其次,不是随便的任何一个过程都可以成为过程目标,必须符合课程目标、符合学生发展的过程才能成为过程目标。过程目标中的"过程"表现出四种特质:一是"过程"起于学生经验现状,包括生活经验和学科经验,基于经验现状的"过程"是现实的、有意义的、便于参与的、富有挑战的;二是要体现数学过程,即将实际问题进行数学抽象处理;三是要体现数学发展过程,即对相关数学模型进行分析,做抽象处理,进行模型完善;四是要体现数学应用过程,即运用完善后的数学模型解决现实问题。

(三) 数学过程目标是数学活动与数学经验的双重规定

数学课程"目标的设计以学生的全面发展和提高数学素养为宗旨",要"注重过程目标和结果目标的结合"❷。马云鹏教授指明,《数学课标 11 版》确定了两类目标,即结果目标和过程目标。他进一步阐释:"一般说来,结果目标是指向基础知识与基本技能的,过程目标更多地指向数学基本思想和基本活动经验,而数学基本活动经验主要是过程目标的体现"❸。史宁中教授更是强调,"以知识为本的教育在本质上是结果性的教育",智慧不是结果,智慧是在过程中的东西,"表现在过程中的东西必须通过过程来教育"❹。同时,根据 21 世纪以来三版数学课程标准中关于过程目标行为动词的具体解释

---

❶ 戴香华. 从"对了"走向"会了"——对小学《数学课程标准》"过程目标"落实的再追问 [J]. 教育科学论坛,2014 (5): 31-33.

❷ 史宁中,马云鹏,刘晓玫. 义务教育数学课程标准修订过程与主要内容 [J]. 课程·教材·教法,2012,32 (3): 50-56.

❸ 马云鹏,余慧娟. 数学:"四基"明确数学素养——《义务教育数学课程标准 (2011 年版)》热点问题访谈 [J]. 人民教育,2012 (6): 40-44.

❹ 史宁中. 注重"过程"中的教育——《义务教育数学课程标准》修订的若干思考 [J]. 人民教育,2012 (7): 33.

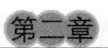

也可确定,过程目标指向数学活动过程中的经验积淀。

与"看得见、摸得着"的结果相比,过程目标"有一点'摸不着边'——经过了一段时间的活动,学生似乎没有学到什么'实质性'的东西"❶。数学过程目标强调"通过经历一定的数学过程,获得一些经验,把握数学思想方法,形成数学能力,发展数学思维和意识,提高问题解决能力"❷。"过程目标"是数学课程期望学生参与数学活动以获得数学经验的预期,着重规定两个要点:数学活动和数学经验。数学活动,是特定的数学活动,包括"新知识的学习活动"和"运用数学知识解决问题的活动"❸。数学经验,是学生积淀的基本活动经验,既包括数学经验,也包括一般经验,既包括知识技能经验,也包括能力情感经验。过程目标的终极指向是数学经验,核心是数学过程,即学生在参与数学活动的过程中积淀数学活动经验❹。数学课程应当以学生的认知水平和经验现状为基础,以数学知识的发生发展、创造应用为线索,以学生能得到更好的发展为目的,引导学生积极主动地参与到特定的数学活动中,积淀促进其全面发展的相关经验。

三、过程目标的表达

过程目标何以表达,在于适切性渗透与层次化表征。

(一)过程目标与结果目标配合,渗透于其他课程目标中

《数学课标(实验稿)》中,课程目标分为"知识技能目标"和"过程性目标",到了《数学课标11版》,课程目标分为"结果目标和过程目标"❺。结果目标与过程目标是相辅相成的关系。一方面,过程目标与结果目标是对立统一的。首先,三版数学课程标准使用两类行为动词对过程目标与结果目标分别进行刻画,这表明过程目标与结果目标是相互对立的。其

---

❶ 景敏,孔凡哲.关于数学新课程的过程目标[J].中学数学,2005(7):1-4.
❷ 程浣,屈文驰.基于过程目标视角的数学教学设计探究[J].科教文汇(中旬刊),2015(4):45-47.
❸ 中华人民共和国教育部制定.义务教育数学课程标准(2011年版)[S].北京:北京师范大学出版社,2012:2-4.
❹ 赵娜,孔凡哲,黄朔.过程目标视域下小学数学课程教材的测评与分析[J].教育理论与实践,2022,42(29):38-42.
❺ 中华人民共和国教育部制定.义务教育数学课程标准(2011年版)[S].北京:北京师范大学出版社,2012.

次，《数学课标（实验稿）》与《数学课标 11 版》在"知识技能、数学思考、问题解决、情感态度"的相关表述中既使用了"了解、理解、掌握、运用"等刻画结果目标的动词，也使用了"经历、体验、探索"等刻画过程目标的动词。这也表明，过程目标有别于结果目标，它们之间是一种对立统一的关系。另一方面，过程目标与结果目标是相互制约的。三版数学课程标准中，不同层次的结果目标对过程的层次要求不一样。而不同层次的过程也会导致不同的数学结果。数学过程与数学结果的对应是相对固定的，什么样的过程设定，便会得到相应的结果。也就是说，过程目标与结果目标是相互制约的。结果目标是实现过程目标的基础与载体，而过程目标是结果目标的归属与升华。

过程目标与结果目标是对立统一的关系。两者使用不同的行为动词表达，但统一于数学课程目标之中。两版数学课程标准都将"数学课程目标分为总目标和学段目标，从知识（与）技能、数学思考、问题解决、情感（与）态度四个方面加以阐述"❶。《数学课标（实验稿）》和《数学课标 11 版》在处理过程（性）目标时，与结果目标一起渗透在数学课程目标的四个方面。例如，"经历运用数学符号和图形描述现实世界的过程，建立初步的数感和符号感，发展抽象思维"❷，"经历数与代数的抽象、运算与建模等过程，掌握数与代数的基础知识和基本技能"❸，等等。但过程（性）目标与结果目标在不同的分目标中侧重不同。《数学课标（实验稿）》与《数学课标 11 版》的"知识技能"中均呈现了 3 次"经历"；《数学课标（实验稿）》在"数学思考"中呈现了 3 次"经历"，而《数学课标 11 版》出现了 1 次"感受"和 2 次"体会"；在"问题解决"中，两版课程标准都只出现了 1 次"体验"；《数学课标（实验稿）》在"情感态度"中共出现 1 次"体验"和 1 次"感受"，《数学课标 11 版》出现了 2 次"体验（体会）"。在《数学课标 22 版》中，更是将过程目标直接贯穿于"核心素养内涵""总目标""学段

---

❶ 中华人民共和国教育部制定. 义务教育数学课程标准（2011 年版）[S]. 北京：北京师范大学出版社，2012.

❷ 中华人民共和国教育部制定. 义务教育数学课程标准（2001 年版）[S]. 北京：北京师范大学出版社，2001.

❸ 中华人民共和国教育部制定. 义务教育数学课程标准（2011 年版）[S]. 北京：北京师范大学出版社，2012.

目标"。这是一种无形融合，不再泾渭分明的强调过程目标与结果目标，而是在目标阐述时自然而然的融入。通常，我们简单地将知识技能看作是学生数学学习结果的体现，即"结果目标"。将数学思考、问题解决、情感态度看作是需要通过特定数学活动的过程来达成的，即"过程目标"。但《数学课标（实验稿）》与《数学课标11版》在知识技能分目标的具体表达中，有刻画过程目标的动词，如经历、体验等，而在数学思考、问题解决和情感态度分目标的表达中，也有关于结果目标的动词，如"运用知识"等，只是每个目标动词后的相关名词有清晰指向。《数学课标22版》更是将结果目标与过程目标分布在课程目标的方方面面。这样的呈现更加肯定了：过程目标与结果目标不是互相独立和割裂的。结果目标达成的过程中蕴含着过程目标，而过程目标的达成多是以结果目标为基础和载体的。

（二）过程目标以行为动词为基点进行层次化表征

三版数学课程标准以行为动词的方式重点规定了过程目标的水平层次，对数学过程的深入程度进行了刻画。《数学课标（实验稿）》与《数学课标11版》明确了三类行为动词，《数学课标22版》扩充为四类。具体地说，"经历（感受、尝试）"是第一水平层次，"体验（体会）"是第二水平层次，"感悟""探索"是第三水平层次。

"这些刻画数学活动水平的过程目标动词的使用点，规定了数学活动的内容、指向、目的和水平，是实现过程目标的根据和参照"❶。第一层次的过程目标可以看作初级目标，落实的方式主要以视觉、听觉等为主。课程通常以学生已有的生活经验为基础，直观地展示数学知识发生发展的过程，学生最终获得一些感性认识。这个过程不一定是主动的，也可能是被动而为的。经历性过程是最初级的数学过程，也是实现第二、第三层次数学过程的基础。第二层次的过程目标，相对于"经历"目标而言，可看作是中等层次的目标，落实需要主动的行为参与，所要求的过程是一种"主动过程"。课程通常以一些具体的活动为载体，引导学生积极主动地"体验"。在这个过程中，学生通过实践来验证从经历性过程中所获得的对某一对象的感性认识，进而获得一些经验。体验性过程是实现知识技能、数学思考、问题解决

---

❶ 吴群志.数学课程改革中的过程目标及其实践问题[J].数学教育学报，2004，13（1）：52-55.

以及情感态度目标的重要途径。第三层次的过程目标是较高层次的目标，落实方式主要是"主动感悟、积极探索"。课程通常设计一个"真问题"，让学生在"真问题"的驱动下，独立思考、积极感悟、自主探究、合作交流，发现问题、提出思考和解决问题。学生在这个过程中，亲自完成感性认识到理性认识的飞跃，从而发现数学对象的本质特征及其与相关对象的区别和联系。"感悟"与"探索"是"经历"和"体验"之后更高层次的目标，通常来说，它所刻画的数学过程的深度要高于经历性和体验性的数学过程。

不同层次的过程目标对于过程的参与态度与思维深度的要求是截然不同的。首先，三个层次的过程目标所规定的过程虽然都是参与特定的数学活动，但参与深度与态度不同。"经历"所要求的过程只需要置身其中，通过听觉、视觉等方式进行了解即可，有时甚至是被动经历；"体验"所规定的过程则是"积极主动地参与"；"感悟"与"探索"所要求的过程不仅是"积极主动地参与"，更要在参与的过程中进行小组讨论、独立探究等较为复杂的行为。其次，三个层次的过程目标在参与的思维深度上也有所不同。"经历"获得的是感性认识；"体验"要求的思考深度较"经历"有明显提高；"感悟""探索"所要求的思考深度需进一步增加，即完成从感性到理性、具体到抽象，并获得一定的理性认识。需要指明的是，三个层次的过程目标在参与态度和思维深度上的规定虽然有所不同，但这种不同并非绝对的，而是相对的。比如，第一层次的数学过程也可能获得第二层次的认知与体验，而第三层次的数学过程也可能只获得第一层次的认知和体验。

四、过程目标的价值

基础教育中的数学教育并非精英教育，也并非职业教育，而是通过数学课程使得"不同的人在数学上得到不同的发展"，造就一种独特的人格气质和精神力量。"注重'过程目标'，是数学教育的一大进步"[1]，同时是"学生发展的需要"，是"教师角色转变的需要"，也是"教育目标全面实现的

---

[1] 程浣，屈文驰. 基于过程目标视角的数学教学设计探究[J]. 科教文汇（中旬刊），2015（4）：45-47.

需要"❶。

(一) 更能表达数学的"科学价值和文化价值"

相较于结果目标，过程目标更能表达数学价值中的"科学价值和文化价值"。郑毓信基于数学教育哲学提出：数学教育目标应坚持价值性准则。价值性准则指数学教育应当充分体现数学价值。根据数学的学科性和人文性，数学价值可分为科学价值和文化价值。因此，数学课程目标集中体现数学的科学价值和文化价值成为数学教育的应然要求。

数学的科学价值，是指数学在其他科学的产生与发展中发挥作用与意义的价值。数学是"一种新的强有力的符号体系，对一切科学的目的来说，这种符号体系比言语的符号体系具有无比的优越性"❷。19世纪20年代以后，数学从（自然）科学中分离出来。正是这种分离决定了数学科学价值发挥的广泛性，涉及（自然）科学、政治学、历史学、经济学、语言学、军事学以及音乐、绘画、雕塑等多个领域。特别是在科学技术迅猛发展的今天，科学数学化趋势越来越明显。例如，当代物理学的牛顿力学运行规律、牛顿万有引力定律、统计力学原理、量子力学定律等的表述，如果没有数学语言，是不可想象的；再如，拉格朗日的《解析力学》和牛顿的《自然哲学的数学原理》都是运用公理化的数学思维方式写成的。

数学的文化价值，主要包括数学的创新价值、精神价值、德育价值以及美育价值等。数学作为一种"看不见的文化"，鼓励学生敢于猎奇、创新，敢于质疑、批判，对培养学生文化道德、思想素养、塑造人格起着潜移默化的作用。克莱因认为，"数学一直是形成现代文化的主要力量，同时又是这种文化极其重要的因素"。数学对象是人类抽象思维的产物，是"社会的建构"❸，而不是物质世界的真实存在。因此，数学不应该被解读为数学知识的集合，而应该被理解为一种创造性的活动，一种文化，其理性精神的表现形式主要反映在数学文化对人的观念、精神及思维所形成的作用与影响中。

可见，数学并非一系列知识和技能的汇集，这些知识和技能不过是理性

---

❶ 古爱华. 浅谈过程目标在新课程改革实践中的重要性［J］. 科学咨询（教育科研），2013（8）：7-8.

❷ 恩斯特·卡西尔. 人论：人类文化哲学导引［M］. 甘阳，译. 上海：上海译文出版社，1944.

❸ 郑毓信. 数学文化学［M］. 成都：四川教育出版社，2001.

精神内涵剥落后的产物。诚然，结果性的数学知识技能是发挥数学科学价值最为直接的来源，但过程性的数学语言、数学思想方法和数学思维方式在数学科学价值发挥中更是起着至关重要的作用，且对于数学文化价值的发挥，亦是唯一载体。

（二）更能完成"必备品格和关键能力"的素养任务

对学生来说，过程目标较结果目标而言更能完成"适应终身发展和社会发展的必备品格和关键能力"的素养任务。过程目标按照功能属性，可以分为数学学科性的过程目标和一般性的过程目标。这里立足以上两种过程目标的要点规定性来挖掘和阐释数学过程目标的独特教育价值。

数学学科性的过程目标是积淀数学抽象、逻辑推理、数学模型等数学思想与方法，以及数学价值观、数学审美、数学精神等数学情感态度的数学过程期许。数学抽象是指学生要经历对现实世界抽象而得到数学对象，对数学对象抽象而得到数学关系与规律，运用数学关系与规律理解和表达现实世界的过程。逻辑推理是指学生在数学世界中，从一些前提或事实出发，依据一定规则得到或验证命题的思维过程。数学模型是指学生从数学出发，建立数学模型刻画现实世界的性质、关系和规律，回归现实世界的过程。学生在专门的"数学过程"中逐渐形成数学眼光、数学思维和数学语言，得以用数学的视角观察和解读现实世界。数学价值观在于帮助学生认同和信奉数学价值的多维性和全向性。数学精神在于帮助学生掌握数学家追求科学真理时坚定不移和百折不挠的意志品格。数学审美在于引导学生追求尽善尽美的理性精神和以秩序、和谐、对称、简洁为特征的结构美。学生在特定的"数学过程"中领悟数学价值观、数学精神和数学审美的内核，将数学情感态度融入自己的学习中，不仅完善了自身的品格素质，同时促进数学思维方法的升华和深化，形成独特的数学特质。

一般性的过程目标是积淀普遍性经验的过程期许。这样的"过程"主要存在于数学课程内容的背景元素中，包括生活背景和其他学科背景。例如，为学生建构知识所镶嵌的问题背景，为学生体验经验所创设的行动情境，为学生感受情感所营造的图像背景，等等。这些背景元素的设计在生动真实的基础上往往会渗透社会主流的思想文化。学生在学习数学知识的过程中形成数学素养的同时，也会潜移默化地积淀个人发展与社会发展所提倡的品格与能力。

无论是积淀数学思想方法和数学情感态度，还是积淀一般性的品格与能力，都是过程目标的内在规定与诉求。无论是基于数学自身的本质规定，或者是基于数学课程目标的内在需求，还是基于学生发展的硬性要求，数学课程的设计与编制都应注重过程目标。这样，数学课程才能彰显数学本质，达成课程目标，完成素养培养的全方位价值表达。

(三) 更能落实"四基""四能""三会"的数学课程目标

对数学课程而言，过程目标较结果目标能落实"四基""四能""三会"的数学课程目标。《课程改革纲要》将课程目标划分为知识与技能、过程与方法、情感态度价值观三个维度。《数学课程标准（2001年版）》将三维目标重新细分为知识与技能、数学思考、解决问题、情感与态度四个方面。《数学课程标准（2011年版）》重新表述为知识技能、数学思考、问题解决、情感态度四个方面。两版课程标准都明确将过程目标融入在"知识技能、数学思考、问题解决、情感态度"中。《数学课程标准（2022年版）》虽然放弃了分目标的分类表述，但在"学段目标"中依旧按照分目标进行惯例性表述。

数学课程标准经过20多年的发展，已经逐步形成了"四基"（基础知识、基本技能、基本活动经验、基本思想）、"四能"（能发现问题、能提出问题、能分析问题、能解决问题）、"三会"（会用数学的眼光观察现实世界、会用数学的思维思考现实世界、会用数学的语言表达现实世界）的数学课程目标。过程目标更是与结果目标一起揉入了这些目标之中。可以看出，结果目标和过程目标共同作用于数学课程目标，只是两类目标在实现数学课程目标上有各自的功能特点。

结果目标指向结果本身。按照认知心理学解读，数学基础知识是陈述性知识，即关于"是什么"的事实性知识；数学基本技能是程序性知识，即关于"怎样做"的程序性或步骤性知识。数学基础知识和数学基本技能都属于结果类知识范畴。毫不夸张地说，知识实体的习得单纯依靠识记与练习便可实现。但知识实体的理解、运用则需要借助"过程"来实现。这也就是达成过程目标。如果说，过程目标使得"知识技能"落实得更为透彻与深刻，那么过程目标则会直接促成"四基""四能""三会"的落实。如是说并非意味着结果目标于"四基""四能""三会"的落实无益，可是结果目标是落实此类目标的基础。过程目标的获得在于过程性体验，即体验知识的产生背景与过程、体验知识的发展与演化过程、体验知识的结果与应用过程，这些过程本身就是知识技能、数学思考、问题解决和情感态度的汇集。通过数学活动，在经验体验中进行感性认识和理性思考，方能生成深刻的知识技能、数学思考和解决问题的能力，以及相应的数学情感态度。可见，数学课程目标遵循数学学科本质要求，并不局限于数学知识与技能的传递与掌握，而在于通过数学知识和技能的掌握而实现数学素养的习得。相应地，数学课程目标也应超越数学知识和数学技能的简单组合。结果目标在于实现"知识技能"，更在于为"四基""四能""三会"提供基础和载体。而过程目标则是深化"知识技能"且实现"四基""四能""三会"的必然存在。

第三章 过程目标在数学课程标准中的发展

"应试教育"的局限在于忽视教育活动的过程属性和过程价值❶。《课程改革纲要》在其"基础教育课程改革的具体目标""课程标准"和"教学过程"中三次强调"过程"❷。为响应《课程改革纲要》要求,21世纪颁布的三版数学课程标准,即《数学课标(实验稿)》《数学课标11版》《数学课标22版》,都对"过程目标"有所体现并不断发展。过程目标作为全力推进数学核心素养的一种路径,需要被强调更需要被研究。对新课改以来三版数学课程标准中的过程目标进行定性诠释与定量刻画,能够从源头理清过程目标发展变化与规律特征,从而获得对过程目标的理解性掌握以及对课程教学的实质性指导。

一、过程目标在数学课程标准中的描述性发展

从《数学课标(实验稿)》到《数学课标22版》,过程目标的相关表述发生了一些变化。这些变化蕴含着过程目标内涵的升华与发展。

(一) 概念由"过程性目标"更新为"过程目标"

《数学课标(实验稿)》提出了"过程性目标"❸,并给出了刻画数学活动水平的过程性目标动词及其含义。《数学课标11版》将"过程性目标"更正为"过程目标",同时更新了各行为动词的基本内涵。《数学课标22版》沿用了"过程目标"的说法,虽没像前两版数学课程标准一样在正文中提

---

❶ 郭元祥. 论教育的过程属性和过程价值生成性思维视域中的教育过程观 [J]. 教育研究, 2005 (5): 3.
❷ 走进新课程与课程实施者对话 [M]. 北京: 北京师范大学出版社, 2002: 253-254.
❸ 中华人民共和国教育部制订. 全日制义务教育数学课程标准(实验稿)[S]. 北京: 北京师范大学出版社, 2001.

及，但在附录部分对行为动词及其含义做了进一步的深化，同时明确提出，结果目标和过程目标"是形成核心素养的基础和条件，最终指向学生核心素养的形成和发展"❶。至此，过程目标与结果目标相对应，成为数学课程的一类固定目标。

（二）行为动词两次新增："尝试"作为同义词，"感悟"成为新水平

过程目标与结果目标一样，都有水平等级之说。《数学课标（实验稿）》给出了"经历（感受）、体验（体会）、探索"等刻画数学活动水平的三级行为动词及其具体含义。《数学课标11版》继续沿用"经历""体验""探索"等行为动词，却将"感受""尝试"作为"经历"的同类词，将"体会"作为"体验"的同类词，并规定同类词的表述具有同等水平的要求程度。《数学课标22版》进一步指出，描述过程目标的行为动词包括"经历""体验""感悟""探索"等。

从《数学课标（实验稿）》到《数学课标22版》，过程目标的等级水平由"三级"变化为"四级"。具体的，《数学课标（实验稿）》与《数学课标11版》中的过程目标分为"经历""体验""探索"3个水平等级。但两版课程标准在Ⅰ级水平的目标行为动词上有所不同：《数学课标11版》增加了"尝试"一词，由原先的"经历（感受）"变为"经历（感受、尝试）"。《数学课标22版》的行为动词在《数学课标11版》的基础上增加了"感悟"，并将其作为Ⅲ级水平，而前两版数学课程标准中原本的Ⅲ级水平"探索"晋升为Ⅳ级水平。

（三）过程目标的作用不断更新，但越显重要

三版数学课程标准中，过程目标呈现的位置及对其的功能定位有差异。《数学课标（实验稿）》在"前言"的"设计思路"部分给出了过程性目标、刻画过程性目标的行为动词及其内涵，并明确《数学课标（实验稿）》既使用"了解（认识）、理解、掌握、灵活运用"等刻画知识技能的目标动词，又使用"经历（感受）、体验（体会）、探索"等刻画数学活动水平的过程性目标动词，能"更好地体现《数学课标（实验稿）》对学生在数学思

---

❶ 中华人民共和国教育部制定．义务教育数学课程标准（2022年版）[S]．北京：北京师范大学出版社，2022.

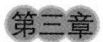

考、解决问题以及情感与态度等方面的要求"❶。在这里，过程性目标的功能定位更倾向于"非知识技能"即"数学思考、解决问题、情感态度"。《数学课标 11 版》在"前言"的"课程设计思路"部分直接表明"数学课程目标包括结果目标和过程目标"❷，并将描述过程目标的行为动词及其基本含义挪到"附录 1"部分。《数学课标 22 版》将过程目标与结果目标所使用的行为动词放在了"附录 2"中，并强调"这些目标是形成核心素养的基础和条件，最终指向学生核心素养的形成和发展"❸。

尽管三版数学课程标准在不同位置呈现过程目标，但其重视程度并没有因此降低。而且，从《数学课标（实验稿）》到《数学课标 22 版》，过程目标与结果目标一起融入了"总目标"和"学段目标"中。同时，前两版数学课程标准将过程目标融入"知识（与）技能、数学思考、解决问题（问题解决）、情感（与）态度"4 个分目标中，《数学课标 22 版》则将其融入了核心素养目标之中。可见，无论是对于"双基"的掌握，还是"基本思想、基本活动经验""四能""三会"的获得，过程目标都是最优之选。可以这样说，数学核心素养的形成与发展，需要"有过程目标加持的"结果目标和"有结果目标奠基的"过程目标共同作用。

（四）各等级水平目标的内涵不断发展，并初步定型

从《数学课标（实验稿）》到《数学课标 22 版》都没有对过程目标进行概念解释，过程目标的内涵厘定是借助过程目标不同水平的行为动词的含义表述而呈现的。各水平等级目标行为动词的含义表述采用"行为+行为情境+行为结果"的方式。

从三版数学课程标准中有关行为动词的相关表述中发现，各水平等级的过程目标的内涵表述有所差异。首先，三版数学课程标准所呈现的"经历（感受、尝试）""体验（体会）""感悟""探索"，相对于描述结果目标的"了解""理解""掌握""运用"而言，是一种延续动词，而非静态动词和短

---

❶ 中华人民共和国教育部制订. 全日制义务教育数学课程标准（实验稿）[S]. 北京：北京师范大学出版社，2001.

❷ 中华人民共和国教育部制定. 义务教育数学课程标准（2011 年版）[S]. 北京：北京师范大学出版社，2012.

❸ 中华人民共和国教育部制定. 义务教育数学课程标准（2022 年版）[S]. 北京：北京师范大学出版社，2022.

暂动词，表达行为的持续性与参与性，这应该是"过程目标"的本质所在。其次，三版数学课程标准中，过程目标行为发生的行为情境均指向"数学活动"，所不同的是，前两版数学课程标准的三级行为均依赖"特定数学活动"，而《数学课标22版》规定"经历（感受、尝试）""体验（体会）"要在"特定数学活动"中进行，但"感悟""探索"却没有强调"特定"。最后，《数学课标（实验稿）》将过程目标的行为结果基本描述为"经验"，《数学课标11版》则描述为"感性认识""经验"与"理性认识"，《数学课标22版》基本认可《数学课标11版》的表达，只是在此基础上加入了"数学结论"。

三版数学课程标准中，行为动词的含义表述不尽相同，但对过程目标的内在规定性较为一致。首先，过程目标重在"过程"，通过某些行为非完整或完整地经历"数学化"，即从现实走向数学、从数学走向数学、从数学走向现实，经历经验材料的数学组织化、数学材料的逻辑组织化、数学理论的应用。其次，过程目标的唯一载体是数学活动，这里的数学活动可以是依赖个人生活情境、社会公共情境、职业情境、科学情境的现实情境，也可以是基于数学学科基础的数学情境。最后，过程目标指向基本活动经验，可以是过程行为之后实实在在获得的具体经验，也可以是活动之后获得的一些认识与结论。总之，过程目标的核心是经历数学过程，载体是数学活动，终极指向是数学经验。即学生在参与数学活动过程中积淀数学活动经验，形成数学直观❶（表3-1）。

表3-1 数学课程标准中"过程目标"的不同描述

课程标准	过程目标	内涵
《数学课标（实验稿）》	经历（感受）	在特定的数学活动中，获得一些**初步的经验**
	体验（体会）	参与特定的数学活动，在具体情境中初步认识对象的特征，获得一些**经验**
	探索	主动参与特定的数学活动，通过观察、实验、推理等活动发现对象的某些特征或与其他对象的区别和联系

❶ 赵娜，孔凡哲，黄朔. 过程目标视域下小学数学课程教材的测评与分析［J］. 教育理论与实践，2022，42（29）：38-42.

续表

课程标准	过程目标	内涵
《数学课标11版》	经历（感受、尝试）	在特定的数学活动中，获得一些**感性认识**
	体验（体会）	参与特定的数学活动，主动认识或验证对象的特征，获得一些**经验**
	探索	独立或与它们合作参与特定的数学活动，理解或提出问题，寻求解决问题的思路，发现对象的特征及其与相关对象的区别和联系，获得一定的**理性认识**
《数学课标22版》	经历（感受、尝试）	有意识地参与特定的数学活动，感受数学知识的发生发展过程，获得一些**感性认识**
	体验（体会）	有目的地参与特定的数学活动，验证对象的特征，获得一些**具体经验**
	感悟	在数学活动中，通过独立思考或合作交流，获得**初步的理性认识**
	探索	在特定的数学情境下，独立或合作参与数学活动，理解或提出问题，寻求解决问题的思路，获得确定结论

二、过程目标在数学课程标准中的数字化发展❶

如果说描述性发展能够阐释过程目标在不同阶段数学课程标准中的发展内容与变化，数字化发展则更能直观地解读过程目标在不同阶段数学课程标准中的发展规律与特征。过程目标是通过学生参与其中的数学教学活动过程，让学生感悟数学的基本思想，积累数学思维和实践的基本活动经验。过程目标的定量刻画不仅要紧扣行为动词，更要以行为要求为基点，以数学活动为靶向，实现"以行为动词为基，以数学活动与经验为准"的测评思路与方法。基于此，对三版数学课程标准中有关过程目标的行为动词则可合并重组为三级标准，如表3-2所示。过程目标在数学课程标准中，过程目标量化可直接观测行为动词。

---

❶ 本文过程目标的量化统计与分析均指小学阶段，不包含初中阶段。

表 3-2　过程目标呈现效果分析框架

目标水平	行为动词	情境与问题	经验指向	活动内容*
Ⅰ级	经历（感受、尝试）	熟悉、简单的	感性认识	经验材料的数学组织
Ⅱ级	体验（体会）	较为陌生、复杂的	简单经验	数学材料的简单逻辑组织
Ⅲ级	感悟/探索	陌生、复杂的	理性认识、确定结论	数学材料的复杂逻辑组织

*活动内容与目标水平不是完全地一一对应，表中所示为各目标水平侧重的活动内容。

（一）过程目标整体上呈显波动上升的基本态势

据图 3-1 所示，就小学阶段而言，《数学课标（实验稿）》中，过程目标共呈现 86 次，其中，Ⅰ级呈现最频繁（36 次），Ⅱ级其次（32 次），Ⅲ级呈现最少（18 次）；《数学课标 11 版》中，过程目标共呈现 76 次，Ⅰ级呈现最频繁（37 次），Ⅱ级其次（28 次），Ⅲ级呈现最少（11 次），各等级呈现趋势与《数学课标（实验稿）》保持一致；《数学课标 22 版》中，过程目标共呈现 153 次，数量明显增多，其中，Ⅰ级呈现最频繁（66 次），Ⅲ级其次（63 次），Ⅱ级呈现最少（24 次），各等级呈现趋势有所变化。

研究显示：首先，新课改以来，过程目标的呈现数量呈波动上升趋势（由 86 次上升为 153 次），2011 年虽有少量的下降，但 2022 年却有大幅度增长，可见，过程目标在当下及未来是课程目标的重要组成部分；其次，对于各等级课程目标而言，Ⅰ级目标呈稳上升之态，Ⅱ级目标呈微降状态，而Ⅲ级目标呈陡升状态，可见，总体上，各等级过程目标随着课程改革的不断深入而越发被重视；最后，前两版数学课程标准中，过程目标基本遵循"低多高少"的呈现规律，即过程目标随层级水平的上升而递减，而《数学课标 22 版》大量关照Ⅲ级目标，尤其重视"感悟"目标的呈现，可见，过程目标的层级设置应符合小学生的认知发展水平，"感悟"多于"探索"也是基于此。

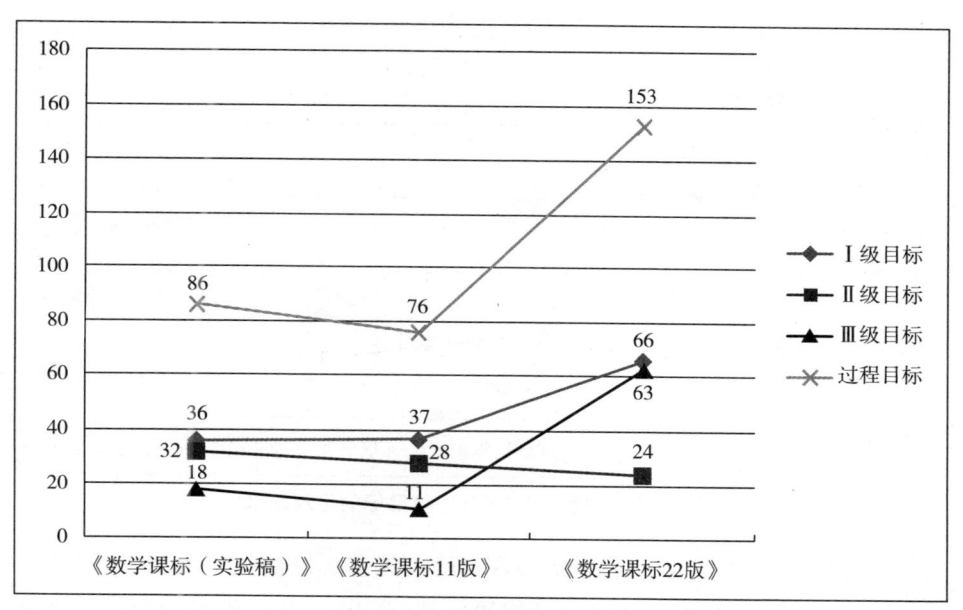

图 3-1　过程目标在三版数学课程标准中的呈现趋势

（二）过程目标在"总目标"中差异呈现，在"学段目标"中规律呈现

在《数学课标（实验稿）》和《数学课标11版》中，"课程目标"包含4个分目标，且按"总目标"和"学段目标"分别阐述。《数学课标22版》在"总目标""学段目标"前加入"核心素养"栏目，同时舍弃了课程目标的分类阐述方式。为方便量化分析，我们将"核心素养"纳入"总目标"部分，且不区分目标类别。

"总目标"部分，过程目标呈现数量总体上呈上升趋势（11次—10次—20次），而不同课程标准中各等级过程目标的呈现数量也不相同，即《数学课标（实验稿）》多呈现Ⅰ级目标，《数学课标11版》多呈现Ⅱ级目标，《数学课标22版》多呈现Ⅲ级目标（参见图3-2）。可见，不同课程标准对于过程目标及其不同等级的关照程度有差异，尤其在核心素养进入《数学课标22版》后，过程目标备受重视。不过，"总目标"是一种宏观表述，是一种高站位、非具体的目标规定，无法详细地兼顾每一种目标，这是可以理解的。

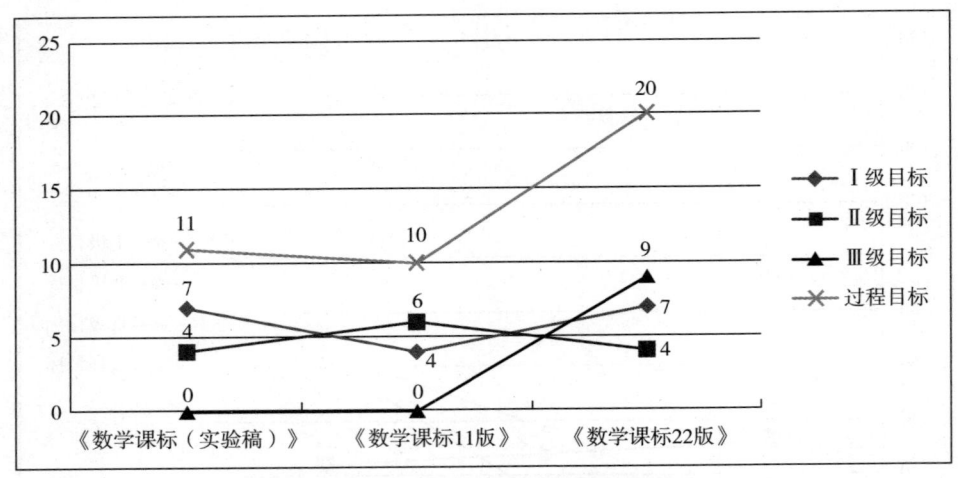

图 3-2　"总目标"部分过程目标的呈现趋势

"学段目标"中，过程目标的呈现量随着课程标准的推进而呈上升趋势。在课程标准内部，基本呈现出两种规律：其一，小学阶段更加侧重低层级过程目标，即多Ⅰ级呈现，少Ⅲ级呈现；其二，不同等级过程目标基本呈现"低层级随学段递增，高层级随学段递减"的规律，即《数学课标（实验稿）》中，Ⅰ级目标由 6 次降为 4 次，Ⅲ级目标由 1 次增为 2 次，《数学课标 11 版》中，Ⅰ级目标由 10 次降为 6 次，Ⅱ级目标由 3 次增为 5 次，Ⅲ级目标由 0 次增为 2 次，《数学课标 22 版》中，Ⅰ级目标由 10 次降为 6 次又降为 4 次，Ⅲ级目标由 1 次增为 2 次再增为 3 次（参见表 3-3）。不同层级的过程目标对学生认知水平、身心特征、综合能力以及数学知识特征的要求不同，在学段目标设置中做到了综合考察与评估。契合小学生的低层级目标多，高层级少，这是过程目标遵循教育规律、关照学科性质、照顾学生特性的必然状态。

表 3-3　"学段目标"部分过程目标分布情况

数学课程标准	学段	Ⅰ级目标	Ⅱ级目标	Ⅲ级目标	过程目标
《数学课标（实验稿）》	一至三年级	6	3	1	10
	四至六年级	4	3	2	9
《数学课标 11 版》	一至三年级	10	3	0	13
	四至六年级	6	5	2	13

续表

数学课程标准	学段	Ⅰ级目标	Ⅱ级目标	Ⅲ级目标	过程目标
《数学课标22版》	一至二年级	10	1	1	12
	三至四年级	6	3	2	11
	五至六年级	4	2	3	9

（三）过程目标在"课程内容"中呈"V"型发展趋势，不同内容领域中各等级过程目标呈现具有差异性

三版课程标准中，"课程内容"的领域名称有所变化，《数学课标（实验稿）》描述为"数与代数""空间与图形""统计与概率""实践与综合应用"，《数学课标11版》和《数学课标22版》则描述为"数与代数""图形与几何""统计与概率""综合与实践"。为方便量化分析，我们统一采用后者的领域划分。

新课改以来，"课程内容"及其不同领域中的过程目标发展趋势基本呈现"V"型特征，即《数学课标11版》出现过程目标呈现量低谷；同时，三版课程标准内部，过程目标呈现量基本按数与代数、图形与几何、统计与概率、综合与实践的顺序依次减少（图3-3）。特别地，《数学课标22版》中，"综合与实践"领域内的过程目标呈现量急剧升高，成为过程目标呈现量第二的内容领域。这与核心素养"入驻"有直接关系。相较于结果目标，<u>过程目标对核心素养的指向性更强，"综合与实践"领域核心素养生成的最佳载体，也必然成为过程目标的呈现基地。</u>

在"数与代数"领域，除《数学课标22版》大量呈现Ⅲ级目标外，其他等级目标呈现量具有均衡，从发展趋势上看，Ⅰ级和Ⅱ级目标呈微降之态，Ⅲ级目标显"偏V"形之态，如《数学课标22版》中Ⅲ级目标由7次微降为4次却骤增为22次；在"图形与几何"领域，三版课程标准整体上更多呈现Ⅲ级目标，《数学课标22版》对Ⅰ级目标的呈现也较为可观，从发展趋势上看，Ⅰ级目标呈"V"形，Ⅱ级目标呈微降之势，Ⅲ级目标呈"偏V"形；在"概率与统计"领域，三版课程标准整体上较关注Ⅰ级目标，从发展趋势上看，Ⅰ级目标和Ⅲ级目标呈"反L"形，Ⅱ级目标呈"L"形；

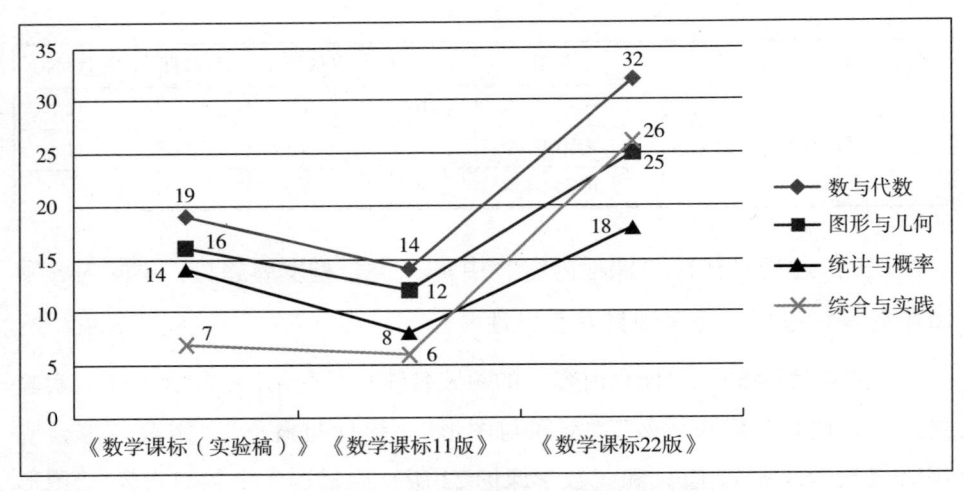

图 3-3 "课程内容"部分过程目标的呈现趋势

在"综合与实践"领域，三版课程标准比较关注Ⅰ级目标，各等级目标基本呈现"V"形或"偏V"形发展趋势（参见图 3-4）。整体上看，新课改以来，Ⅱ级目标的关注度变化幅度较小（除"概率与统计"领域），Ⅰ级和Ⅲ级基本呈现为先微降（不变）后陡升（"数与代数"领域的Ⅰ级目标除外）的发展趋势。可见，相较于前两版课程标准，《数学课标22版》对过程目标的关注度有飞跃式的提升，且更倾向Ⅰ级目标与Ⅲ级目标，其中"数与代数"领域偏向Ⅲ级目标，而其他三大领域则偏向Ⅰ级目标。

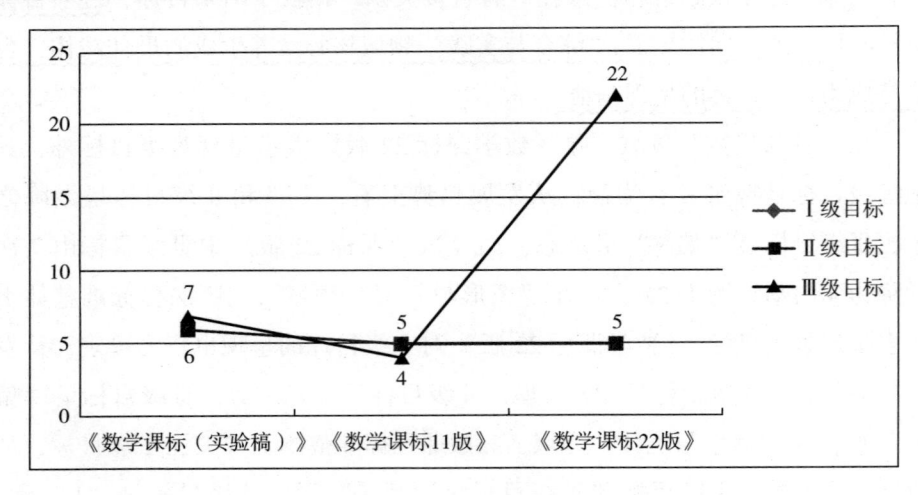

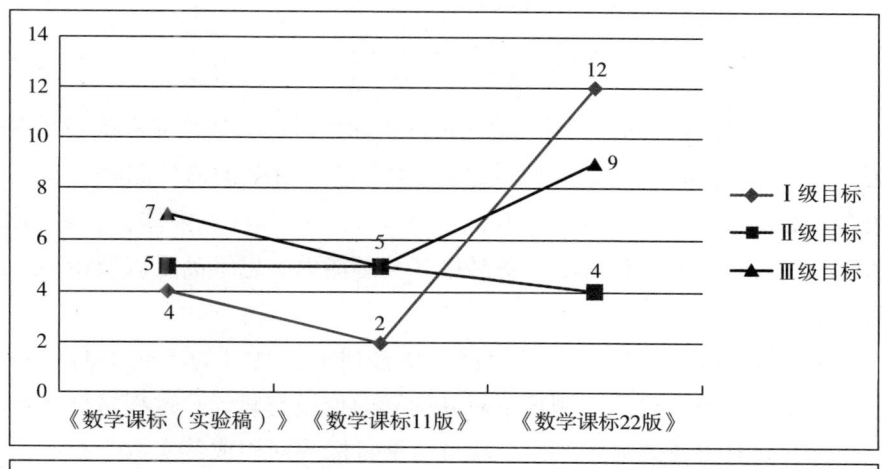

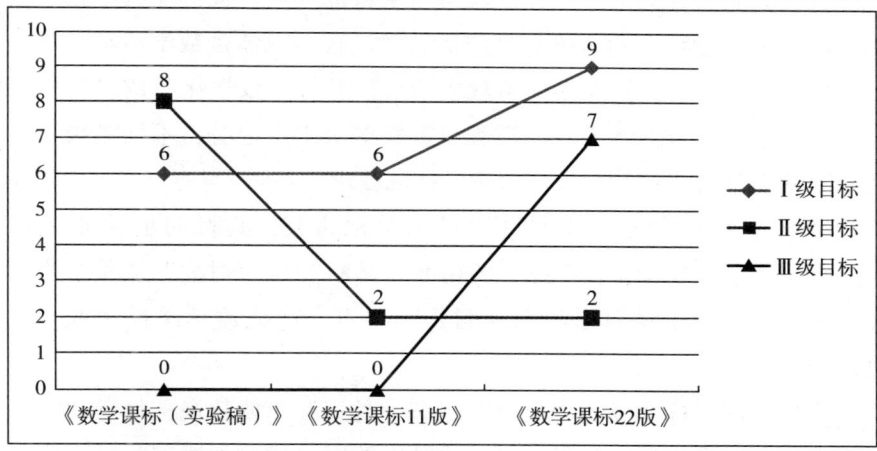

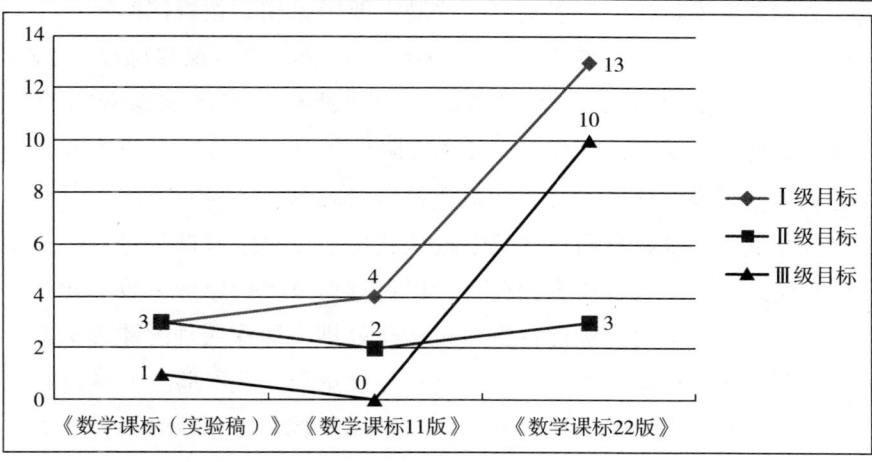

图 3-4 四大内容领域中过程目标的发展趋势

三、相关结论与启示

《数学课程标准（2022年版）》指出，"课程目标要立足学生核心素养的发展"。发展学生核心素养，过程目标是优于结果目标的一种路径。学生在积极参与数学活动中多经历、多感受、多尝试、多体验、多体会、多感悟、多探索，更有利于形成和发展必备品格、关键能力、思维品质以及情感、态度与价值观。

以数学课程标准为抓手的过程目标质性研究，其目的不在于简单地描述，更具价值的是"白描"视域下对其内涵的挖掘与解读。过程目标是数学课程目标必要且重要的组成部分，其与结果目标共同构成落实数学核心素养的基础与条件。过程目标的核心是经历数学过程，载体是数学活动，终极指向是数学经验。即学生需要在参与数学活动，经历"数学化"的过程中积淀数学活动经验，形成数学直观。过程目标有等级水平之分，不同等级水平的过程目标对课程教学和学生发展有不一样的要求。

以数学课程标准为载体的过程目标量化研究，其目的也并非量化本身，更深远的意义在于量化数据下的精准"诊断"与"对症"施策。当下及未来数学教育改革的关键是以过程目标为要点，优化数学课程文本与教学实践。

首先，过程目标发展的"上升"之态，是一种"要重视，须行动"的信号。一方面要开发过程型课程教材。这既需要国家相关教育部门进一步组织设计开发《义务教育课程方案（2022年版）》及各学科课程标准（2000年版）理念下的课程教材，为各级各类学校"严格落实国家课程"打好基础，也需要地方及学校结合地方与校本实际加强"过程型"地方课程与校本课程建设，与国家课程形成合力，强化核心素养落实。另一方面要对课程教材做过程化处理。这既指向地方及学校尤其是学校对国家课程进行过程化的校本课程处理，即深入解读课程标准，以过程思维将国家课程校本化，又指向教师运用教学智慧对三级课程进行过程化处理，即深入理解课程标准，系统掌握过程目标，依据具体学情，运用自身理论与实践经验，开展过程型教学。这是当下及未来很长一段时间内，数学课程教学需要认真对待、着重研究的两个要点。

其次，过程目标在"学段目标"中的规律性呈现，以及在"课程内容"中的差异呈现，给予教材编者与一线教师一定的教材处理与教学实践指导。一方面，针对高低学段要有区别，即低学段的教师要有意识地创造活动让学生多尝试、多经历、多感受，获得直接经验与感性认识，而高学段的教师应更侧重引领学生去探索、去感悟，获得理性认识；另一方面，针对数学课程四大内容领域要有差异，例如，要深入挖掘"数与代数"的相关内容，促进学生的探索经验与感悟生成，要着重剖解"图形与几何""统计与概率""综合与实践"的相关内容，引领学生积极尝试，切身经历，勇于探索，引发学生的直观感受与理性感悟。

第四章 过程目标课程教学定量分析设计

一、过程目标教科书与教学呈现的内涵分析

数学过程目标是指数学课程以数学为学习对象,让学生参与数学活动,亲身经历数学知识发生发展的过程,在过程中积累知识技能、能力、思想、情感态度价值观的数学经验的动态目标。

(一)过程目标的实现途径是数学活动

结果目标强调的是通过数学学习获得的数学知识、技能、能力、情感等结果内容。与之对应的过程目标,则更强调数学学习过程本身以及在过程中所产生的数学直观。"过程目标实现的主要标志就是学生形成活动经验","数学基本活动经验的积累依靠丰富多样的数学活动做支撑"[1]。过程目标中的"过程"具有四种特性。首先,过程的起点是学生已有的经验,包括生活经验和数学经验。建立在已有经验基础上的"过程"应当是现实的、有意义的、富有挑战性的,要有利于学生主动参与。其次,要体现数学发现过程,即将实际问题进行数学抽象处理。再次,要体现数学应用过程,即运用获得的数学模型解决实际问题。最后,要体现数学发展过程,即对已有数学模型进行解释,做进一步抽象处理,完善数学模型。过程作为目标,本质上就是将过程以及过程中产生的缄默知识或过程性知识作为目标。

数学活动是人类对待外部世界的一种特殊的方式,是人类进行数学抽象与数学应用的实践过程[2]。哲学意义上的活动,是人对世界的实践过程。心理学意义上的活动,是行为主体与客体世界的联系过程,既包括外部行为活动,也包括内在心理活动。教育意义上的活动,是学生主体与学习对象的互

---

[1] 马云鹏,余慧娟. 数学:"四基"明确数学素养——《义务教育数学课程标准(2011年版)》热点问题访谈[J]. 人民教育,2012(6):40-44.
[2] 王新民,等. 数学"四基"中"基本活动经验"的认识与思考[J]. 数学教育学报,2008.

动过程，以实现学生素质发展为目的。可见，活动本身就是一种过程，过程目标只有在活动中才能实现。

"数学活动是指伴随学生相应的数学知识学习而设计的观察、试验、猜测、验证、推理与交流、抽象概括、数据搜集与处理、问题反思与建构等。数学活动的设计与相应的知识技能有关，但其目的不只是完成数学知识技能的学习，还是学生数学活动经验积累的重要途径"❶。从数学活动类型角度理解，数学活动包括"数学研究活动（数学发现发明过程、创造性过程）、数学认识活动（数学学习过程、再发现过程）、数学实践活动（数学应用过程、创造性过程）"三类❷。这种分类涵盖了数学从发现到应用的整个过程。从问题解决的角度理解，数学活动是包括观察现象、提出问题、理解对象、构造模型、解决问题、回顾反思、归纳推广的一个完整的数学活动过程❸。从数学思想角度理解，数学活动包括演绎活动和归纳活动❹。如上对数学活动的具体理解，是不同视角下的具体分析，在一定程度上是相通的，具有一定的合理性。

从课程教学的角度，数学活动主要包括外部活动和内在活动，其中数学外部活动包括实验操作活动和算法规则操作活动❺，内在活动既包括数学思维活动，也包括数学情感活动❻。数学学习过程一定是外部活动与内在活动的综合体，外部活动是内在活动的基础，内在活动是外部活动基础上的提升。内在活动通过外部活动而发生、发展，外部活动则受内在活动的调节和控制。更为细致地划分，数学活动主要包括行为操作活动、思维活动、情感活动。如此考察数学活动，比较接近课程教学的实际，更为重要的是，过程目标借助这三种形式的数学活动进行课程教学落实会更具操作性。过程目标的"经历（感受、尝试）、体验（体会）、探索"是行为操作活动、思维活动、情感活动的具体要求。

---

❶ 马云鹏，余慧娟. 数学："四基"明确数学素养——《义务教育数学课程标准（2011年版）》热点问题访谈 [J]. 人民教育，2012（6）：40-44.
❷ 涂荣豹. 数学教学认识论 [M]. 南京：南京师范大学出版社，2003.
❸ 马复论. 数学活动经验 [J]. 数学教育学报，1996.
❹ 史宁中.《数学课程标准》的若干思考 [J]. 数学通报，2007.
❺ 涂荣豹，宁连华. 数学活动的过程知识 [J]. 数学教育学报，2002.
❻ 仲秀英. 数学活动的内涵、特征及其对教学的启示 [J]. 数学教育学报，2009.

（二）过程目标的最终归属是活动经验

"过程目标实现的标志是学生形成基本活动经验"❶。过程目标既强调过程本身，也强调过程中产生的数学经验。过程目标借助数学活动而开展。数学活动积淀的数学经验就是过程目标的具体内涵。

2001年，国家教育部颁布的《数学课标（实验稿）》将"数学活动经验"作为数学知识提出。2011年，《数学课标11版》将"基本活动经验"与基础知识、基本技能、基本思想并列，纳入课程总目标，与此同时，过程目标也被提出。基本活动经验是十年（2001—2011）课改的实践产物，是指"学生亲自或间接经历了活动过程而获得的经验"❷。对数学学科而言，是指"围绕数学课程和教学目标，学生经历了与数学相关的各类基本活动之后，所留下的直接感受、体验和感悟"❸。

在基本活动经验中，活动是载体，经验是目标，通过经历数学活动，学生不仅了解到数学知识与技能的现实产生源，获得关系性理解，更能培养数学眼光，积淀数学思维，习得数学语言。而"基本活动经验的积累，本质上是让学生获得数学直观"❹❺，最终形成"数学思维方式"，而"数学思维方式恰恰是中国学生发展的数学核心素养的最重要的成分"❻。

数学活动经验，是经验的一种，是学生与学习活动相互作用的结果。史宁中教授指出，数学基本活动经验包括"实践的经验"和"思维的经验"❼❽。"实践的经验"主要是从外部世界抽象出数学，将形式化数学用于外部现实中获得的经验，包括设计、规划、组织、协调等经验；"思维的经

---

❶ 马云鹏，余慧娟．数学："四基"明确数学素养——《数学课标11版》热点问题访谈 [J]．人民教育，2012（6）：40-44．

❷ 史宁中，柳海民．素质教育的根本目的与实施路径 [J]．教育研究，2007（8）：13．

❸ 孔凡哲．基本活动经验的含义、成分与课堂教学价值 [J]．课程·教材·教法，2009（3）：34．

❹ 孔凡哲．基本活动经验的含义、成分与课堂教学价值 [J]．课程·教材·教法，2009（3）：34．

❺ 史宁中．注重"过程"中的教育——《义务教育数学课程标准》修订的若干思考 [J]．人民教育，2012（7）：32-37．

❻ 孔凡哲，史宁中．中国学生发展的数学核心素养概念界定及养成途径 [J]．教育科学研究，2017（6）：5-11．

❼ 史宁中．注重"过程"中的教育——《义务教育数学课程标准》修订的若干思考 [J]．人民教育，2012（7）：32-37．

❽ 郭玉峰，史宁中．"数学基本活动经验"研究：内涵与维度划分 [J]．教育学报，2012，8（5）：23-28．

验"主要是在进行数学符号化过程中获得的经验,日常学习中,学生主要获得的是"思维的经验"。二者不是截然分开的,而是各有侧重❶。基于此,基本活动经验可以区分为行为操作活动经验和思维操作活动经验。行为操作活动经验对应实践的经验,思维操作活动经验对应思维的经验。由于活动对象与现实的距离有差别、抽象程度有差异,导致思维层次有高低之分,基本活动经验可以进一步化分为更细致的四个层次,即(行为)操作经验、探究的经验、思考的经验、复合的经验❷。具体而言,(行为)操作活动经验主要是实践经验;探究的经验介于实践经验和思维经验之间,既有实践经验,也有思维经验,二者简单组合,相互影响;思考的经验主要是思维经验;复合的经验则是实践经验与思维经验的高度糅合,是一种经验的智慧。当然,思维经验与实践经验不可能完全独立于对方而存在,不同层级只是其糅合程度不同。换言之,(行为)操作活动经验虽侧重实践,但是为思维经验的基础。同样,思考的经验虽侧重思维,但仍需实践经验的协助。探究的经验与复合的经验虽然两者兼有,但糅合程度不同。

  与数学活动的考察一致,上述经验的考察也缺少情感经验的凸显。情感活动是数学活动必不可少的一部分。数学活动的开展伴随着情感态度的产生与发展,从而积淀学生的情感经验。积极的情感经验有利于数学活动的积极开展,而消极的情感经验对数学活动具有阻碍甚至瓦解作用。因此,除了实践经验、思维经验,情感经验也是基本活动经验的重要部分,不可忽略。情感经验的积淀直接作用于学生数学情感态度价值观的发展。因此,数学基本活动经验是实践经验、思维经验和情感经验的综合体。

  基本活动经验的不同层级与数学活动的不同层级具有内在一致性。行为操作活动指向实践经验;思维活动指向思维经验;情感活动指向情感经验。但三者并非刻板地一一对应,是相互交织的整体。一般地,不同的数学活动贡献于不同的活动经验,具有层级性。但实际上,不同层级的数学活动,对不同的活动经验都有贡献,具有综合性。"经历(感受、尝试)、体验(体会)、探索"的过程目标指向实践经验、思维经验和情感经验的积淀。"经历

---

❶ 郭玉峰,史宁中."数学基本活动经验"研究:内涵与维度划分[J].教育学报,2012,8(5):23-28.

❷ 孔凡哲.基本活动经验的含义、成分与课堂教学价值[J].课程·教材·教法,2009(3):34.

(感受)"主要指向（行为）操作活动经验（实践经验），获得一些行为经验或初级的感性认识；"体验（体会）"主要指向思维经验（探究的经验、思考的经验）和情感经验，对"经历（感受、尝试）"中所获得的感性认识进行思考与验证，获得形式的、表面化的经验，"体验（体会）"的经验既可以是实践经验，也可以是思维经验与情感经验，但无论是实践的经验还是思维的经验、情感的经验，都比"经历（感受、尝试）"的经验更为深刻；"探索"主要指向实践经验、思维经验与情感经验的高度糅合，是一种经验的智慧。当然，思维经验、情感经验与实践经验不可能完全独立于对方而存在，不同层级只是其糅合程度不同。换言之，（行为）操作活动经验虽侧重实践，但也为思维和情感奠基。同样，思考的经验虽侧重思维，情感的经验虽侧重情感，但仍需实践的协助。

（三）过程目标的落实需借助数学活动，指向活动经验

过程目标的实现借助数学活动，指向数学活动经验。过程目标的本质，是指数学课程应该让学生通过数学活动获得基本的数学经验，也就是拥有数学直观。换句话说，过程目标的终极指向是学生最终获得的经验，其核心是过程。学生应该借助教科书呈现的数学活动而"经历（感受、尝试）""体验（体会）""探索"数学，从而积淀数学经验，形成数学直观。

（数学）过程目标的教科书物化，即过程目标进行教科书呈现，其本质是数学活动的呈现。也就是说，教科书中呈现的过程目标，不是直接将数学经验呈现给学生或教师，而是呈现载有数学经验的活动，或者呈现一种指向数学经验的活动引导。当然，这里的数学活动是数学经验的载体，应该既包括显性的载有数学经验的活动，也包括隐性的指向数学经验的活动引导。因此，课程教学中，过程目标的呈现与落实依附数学活动，指向基本数学经验。不同层级的过程目标，需要不同层级的数学活动，指向不同层级的数学活动经验。具体的，"经历（感受、尝试）"指向的是"经历（感受、尝试）"浅层的行为操作活动，也就是通过视听觉或肢体等方式简单地参与活动，更多的是一种简单的行为模仿，所获得的经验是一种感性认识；"体验（体会）"指向的是较为复杂的活动，是一种亲身参与，但这种"参与"相对于"探索"而言，仍是一种低层次的参与，获得的经验是一种直接的、形式化的感性经验，能应用于现实生活；"探索"指向的是探索性的综合活动，是

一种深入参与，需要充分调动行为、思维、情感，获得的经验是一种有效的、丰富的理性经验，能更好地指导实践。

二、过程目标教科书与教学呈现分析框架的设计

（一）过程目标教科书呈现分析框架的设计

过程目标在数学教科书中呈现的探析，重点关照三个问题：呈现的数学活动的类型；不同类型的数学活动的行为要求；不同行为要求的经验指向。

如前文所分析的，数学活动可以分为外部活动和内在活动。外部活动具体指行为操作活动，内在活动包括思维活动和情感活动。与此对应的数学活动经验分别为行为操作经验、思维经验和情感经验。一般意义上，行为操作活动形成行为操作经验，思维活动形成思维经验，情感活动形成情感经验。但在具体现实中，思维经验与情感经验的获得离不开行为操作活动，思维活动与情感活动的提升需借助行为活动；同样的，不断深入的行为操作活动，同样有利于思维经验与情感经验的积淀。因此，数学活动经验，按照内在经验与外在经验的糅合程度，可分为（行为）操作经验、思维经验、情感经验、复合的经验。（行为）操作经验主要借助行为操作活动，在实际的外显操作活动中获得感官的和知觉的直接经验；思维的经验，即思维操作的经验主要指围绕已有问题而开展的活动，既包括外显的行为操作活动，也有内隐的思维操作活动，二者融为一体；情感的经验，即情感操作的经验，是基于内心过程积淀的经验，更多是偏感性的间接经验；复合的经验，是前三种经验的高度糅合，是行为操作活动、思维活动和情感活动的共同作用。

不同层级的数学活动及其对应的数学活动经验，是考察不同层级的过程目标在教科书中呈现的关键。教科书中"经历（感受、尝试）、体验（体会）、探索"三个不同层级的过程目标的呈现，按照数学活动及其对应的数学活动经验的等级分布，可以分为与之对应的三级水平，具体参见表4-1。

第四章 过程目标课程教学定量分析设计

表 4-1 过程目标教科书呈现的分析框架（试测版）

水平层次	过程目标	数学活动	经验指向
Ⅰ级	经历（感受、尝试）	行为操作活动	（行为）操作经验
Ⅱ级	体验（体会）	思维活动	思维的经验
		情感活动	情感的经验
Ⅲ级	探索	综合活动	复合的经验

利用表 4-1 的"过程目标教科书呈现的分析框架（试测版）"，对北师版小学数学教科书进行初步分析与数据统计。初步结果发现：

（1）存在纯粹的数学内容。数学学科的内在属性决定了数学教科书中必然存在一些纯粹的数学内容，以供学生掌握相应的知识和技能。例如，教科书中呈现的"解下列方程""计算"等不涉及数学活动，对于此类内容，不予统计。

（2）存在"感官"活动呈现。数学教科书是一种文本，限于时间与空间，并不是所有的课程内容都必须借助完整的数学活动而加以落实，因此，教科书文本中会提供一些"感官"活动，旨在让学生利用视觉"假装"参与活动，以"共情"的方式获得感官认知。属于"感官认知"水平的过程目标。

（3）思维的经验分为两种：一是方法经验，在于获得方法或方法多样化，从而强化思维；二是思考经验，协助完成抽象。

据此，将分析指标微调，得到如表 4-2 所示的"过程目标教科书呈现的分析框架（正式版）"。利用"过程目标教科书呈现的分析框架（正式版）"对教科书进行分析，要同时考察"数学活动""数学经验指向"和"过程目标"。

表 4-2 过程目标教科书呈现的分析框架（正式版）

水平层次	过程目标	数学活动	数学经验指向
无级	无过程目标	纯粹的数学内容	无经验指向
Ⅰ级	感官认知	"感官"活动	感官认知经验
Ⅱ级	经历（感受、尝试）	行为操作活动	（行为）操作经验
Ⅲ级	体验（体会）	思维活动	思维的经验（方法、思想）
		情感活动	情感的经验
Ⅳ级	探索	综合活动	复合的经验

（二）过程目标教科书呈现分析指标的使用示例

为了使"过程目标教科书呈现分析框架（正式版）"更直观，操作性更强，必须明晰过程目标各层级的典型范例。

无级：如三年级上册第 38 页的内容，3 题的"□中应该填几?"以及 4 题，是纯粹的数学内容呈现。同样地，教科书中存在很多"解下列方程""计算"等纯数学内容的呈现，以供学生掌握和巩固相应的知识和技能。这样的呈现，既没有数学活动，也没有任何经验指向，更没有过程目标的体现，故而不参与等级划分。对于此类内容，不予统计。

Ⅰ级：如六年级下册第 98 页的内容，明确指出"我们是中国人，我们爱自己的祖国"，利用"小英雄雨来"实现榜样指引。这样的设计，借助直观的语言和学生所熟悉的小英雄，产生"视觉"感受，以及与小英雄共情的"感官活动"，获得热爱祖国感官认知经验，同时感知数学价值。故归为Ⅰ级。如一年级下册第 59 页的内容，明确指出塑料对于环境的极大危害，虽没有明确提供"动手去收集"的行为要求，但图画中 3 位小朋友的"收集"行为实际上给出了行为指引，是一种"感官活动"，学生与图中小朋友共情，获得"保护环境、随手捡垃圾"的感官认知经验。故属于Ⅰ级。如三年级上册第 54 页的内容，文字"太简单了，上节课学过了"，加上淘气"耶"的手势与笑容，隐藏着一种"学习很简单，我可以"的情感与态度。如此呈现，学生通过"视觉"，与淘气共情，获得"学习好玩"的感官认知经验，有助于激发学生学习的兴趣与自信。故归为Ⅰ级。如五年级下册第 72 页的内容，"张叔叔"开车给"王阿姨"送材料，计算文件何时能交接，是真实生活写照。学生生活中一定也有一个"张叔叔"和"王阿姨"，也有为节省时间而"相向而行"的经验。课程教学中无法"亲自践行"，通过图片呈现，让学生进行"感官活动"，获得"数学有用"的感官认知经验。故归为Ⅰ级。教科书中诸如类似呈现均属此类。

Ⅱ级：如一年级上册第 9 页的内容，"描一描，写一写"，是单纯的行为操作，旨在"感受"阿拉伯数字的书写，获得阿拉伯数字标准书写的感觉经验，以期获得数字书写的行为。故属于Ⅱ级。如一年级上册第 45 页的内容，在列式计算之后，让学生"和同伴试着表演"，目的是让学生用行为经历强化加减混合运算的理解，是行为活动，旨在"经历"加减混合的过程，获得的只是一种知觉经验，而不是思维经验。故属于Ⅱ级。如三年级上册第 92 页的内容，"整理""经常算出的题目"是一项行为操作活动，通过经历"整理"的过程，帮助学生养成正确高效的学习行为习惯。故归为Ⅱ级。教科书中诸如类似呈现均属此类。

Ⅲ级：如三年级上册第 52 页的内容，通过呈现点子图，让学生在思维活动中"体会"算法的多样性，获得方法经验与关系性理解。故属于Ⅲ级。如一年级下册第 51 页的内容，通过小棒到计数器，再到算式，逐级抽象，逐步深化。通过思维活动，学生"体验"思维的抽象过程，故属于Ⅲ级。如一年级上册第 91 页的内容，通过"游戏"体验，巩固知识，获得思维，更为重要的是，情感体验得到了提升。既树立了数学有用的价值观，也形成了认为数学有趣的态度。故属于Ⅲ级。教科书中诸如类似呈现均属此类。

Ⅳ级：如五年级上册 56 页的内容，直接给出"探索活动：三角形的面积"。故属于Ⅳ级。如六年级下册第 51 页的内容，要求利用所学知识，为生活了 6 年的母校亲手制作一幅平面图。这样的设计，是一种综合活动，旨在让学生"探索"校园平面图的制作。这样的活动需要积极调动平面图形的绘画行为、数学抽象等思维经验、热爱学校的情感经验。学生在活动中可以积淀复合经验。故属于Ⅳ级。如三年级下册第 61 页的内容"设计艺术节徽标"，这是综合性的数学活动，其中包括了思维活动、行为操作活动和情感活动，需要"探索"。故属于Ⅳ级。如二年级上册第 28 页的内容，要求用所给材料做陀螺。"陀螺"的制作，是学生在分析"影响陀螺稳定性因素"的相关问题，掌握不同图形的画图行为，以及积极的情感参与的基础上完成的探索过程。故属于Ⅳ级。如三年级上册第 75 页的内容，在整个学习结束之后，呈现"自我评价"，是评价反思的行为活动、思维活动和情感活动的综合体。学生通过综合的评价反思，获得行为、思维、情感的复合经验，利于学生提升自主学习能力。故属于Ⅳ级。教科书中诸如类似呈现均属此类。

（三）过程目标教学呈现分析框架的设计

过程目标在教学中的呈现，是指数学教学应该以活动为载体，以知识发生发展的过程为线索，让学生在活动过程中积累经验。教科书对于过程目标的呈现相对隐晦和抽象，教学就更应该强化过程目标的落实，促进学生能力发展。

过程目标教学呈现的分析，从两个方面考察：一是过程目标的内在规定，二是过程目标的外在属性。

内在规定："经历（感受、尝试）、体验（体会）、探索"本身就刻画了过程目标的层级水平。但依靠"经历（感受、尝试）、体验（体会）、探索"来分析教学中的过程目标，操作性不强。需要更为细致地给出三个层级水平的异质性特点。首先，三个层级水平的学生参与深度不同。"经历（感受、尝试）"的学生参与较为表层化，即主要通过视觉、听觉、模仿等参与方式，以简单的操作行为为主；"体验（体会）"的学生参与较为主动，是对特定活动的亲身体验；"探索"的学生参与积极主动，通常以自主探究、合作交流等方式来做数学，以思维行为和情感行为为主。其次，三个层级水平的学生参与态度不同。"经历（感受、尝试）"是被动接受，要求学生进入过程即可；"体验（体会）"要求学生将过程内容内化，是一种非主动的内化；"探索"要求学生积极主动参与，主动实现内化。最后，三个层级水平的思维层级不同。"经历（感受、尝试）"后，获得的是感性认识（经验）或行为经验，"体验（体会）"后，获得的是思维经验或情感经验，"探索"后，获得的是复合经验。但这种层级性不是绝对的，是相对的。例如，"体验（体会）"可能只获得了行为经验，但也有可能获得复合经验。因此，教学中的过程目标的呈现分析，要兼顾"参与深度""参与态度""思维层级"三方面的异质性。

外在属性：同教科书分析一样，教学中过程目标的考察，关照三个方面：一个是过程，另一个是活动，还有一个是活动经验。过程、活动、活动经验考察的主体应该是学生而非教师。过程，是实现过程目标的前提。教学中，过程目标的落实应该强调关注数学知识的再创造过程、数学知识的应用过程以及数学过程本身。活动，是实现过程目标的基础。教学中，过程目标的落实应该强调创设经历性、体验性、探索性的特定数学活动。特定的数学活动应该是学生需要的、主动的、值得反思的数学活动。经验，是实现过程目标的核心。教学中的过程目标落实应该强调形成学生的行为经验、思维经验和情感经验。数学经验应该是学生最近发展区内的适切经验。因此，分析教学中是否达到了过程目标，不适合采用片段式分析，应该是对教学整体的分析。过程目标的教学呈现分析的重点在于衡量教师是否根据特定的数学内容，创设学生需要的特定活动，开展学生积极进入的过程，提供相应的数学经验。

据此，获得"过程目标教学呈现的分析框架"，见表4-3。过程目标教学呈现的分析维度包括两个方面：过程目标的内在规定和外在属性。内在规定主要从参与深度、参与态度和思维层级三个方面加以诠释。外在属性主要从过程、活动、活动经验三个方面加以诠释。

表 4-3　过程目标教学呈现的分析框架

水平层次	分析维度	具体内涵
0 级	内在规定	无
	外在属性	无过程，指无学生自主学习过程而非无教学过程； 无数学活动；对数学内容的直接学习； 无经验指向；指向结果而非经验
Ⅰ级	内在规定	简单行为模仿参与； 被动参与，进入过程而已； 以感性认识和行为经验为主
	外在属性	经历（感受、尝试）；行为操作活动；行为操作经验
Ⅱ级	内在规定	自主行为、思维行为、情感行为的简单参与； 被动的主动，即伴有教师监控的参与； 以思维与情感经验为主
	外在属性	体验（体会）；思维与情感活动；思维与情感经验
Ⅲ级	内在规定	行为、思维、情感的完全参与； 积极主动参与，自然内化； 以复合经验为主
	外在属性	探索；综合活动；复合经验

利用"过程目标教学呈现的分析框架"对教学实录进行试分析发现：首先，"过程目标教学呈现的分析框架"具有操作性和可行性；其次，过程目标教学呈现基本符合分析框架中的四级水平层次。也就是说，实际教学中，除去没有落实过程目标的情况，所有落实过程目标的课堂教学中，其过程目标的落实层级基本符合《义务教育数学课程标准》规定的"经历（感受、尝试）、体验（体会）、探索"三个层级水平。但在每一层级水平中，不同教师的处理也有差异。第五章"小学数学过程目标教学呈现的特征与现实困境"中将具体分析。

（四）过程目标教学呈现分析指标的使用示例

为了使"过程目标教学呈现分析框架"更直观，操作性更强，必须明晰过程目标呈现各等级及其典型范例。

0级：如【课堂实录16】《分数混合运算》，整个教学过程中，教师不停地让学生通过诵读来达到识记"一个数的几分之几用乘法"，这是一种典型的"灌输"，忽视分数运算的内涵和算理。整节课并没有设计相关的数学活动，是对数学内容的直接讲解，无任何经验指向，学生无法进入活动过程，因此，只是获得了扎实的分数混合运算的计算技术。故归属为0级。类似的教学实录均归为此类。

课堂实录16	课堂教学片段（片段节选）

【师】好，大家把这句话齐读一遍，预备起。
【生齐】求一个数的几分之几是多少，用乘法来计算。

Ⅰ级：如【教学实录9】《轴对称和平移》，整个教学过程中，教师都在强调"对称"的虚线作图与"平移"技巧，本质上是一种"灌输"。但学生被动地进行了"行为操作"的模仿，获得了"对称与平移"的行为技能，是一种"经历（感受、尝试）"，获得的是行为经验。故归属为Ⅰ级。类似的教学实录均归为此类。

课堂实录9	课堂教学片段（片段节选）

【师】能画几条对称轴？
【生】两条。
【师】第一幅图，拿直尺，虚线，先给我找到中点，然后连接，不要上一半大下一半小的，竖着一条，横着一条，横着那条不要连偏了。先找到俩中点。第二个火车头是轴对称图形吗？
【生】是。
【师】有几条对称轴？
【生】一条。
【师】这个只能竖着画一条对称轴，虚线啊，对称轴都是虚线，实线就是错的。这个叹号标志是竖着的，也是只有一条，也是只有一条对称轴，横着竖着斜着都行。来看第二题，画出下列图形的对称轴。第一个像"工"字一样的，它有几条对称轴？

【生】一条。

【师】对了，只有一条竖着的在中间，先找到中点，然后你再连线，不许左一半大，右一半小，画什么线？

【生】虚线。

【师】第二个尖尖的是？

【生】一条。

【生】两条。

【师】两条，第三幅图只有？

【生】一条。

【师】虚线实线？

【生】虚线。

【师】第三题，以虚线为对称轴，画出下面图形中轴对称的图形，和你的同伴交流一下。不用交流了，你就自己画。

课堂实录9　　　　课堂教学片段（片段节选）

【师】所以要想把"9"变成"6"，一下是不行的，必须得翻两下。

【生】我侧着翻。

【师】侧着翻也可以，先向右对称一下，再向下对称一下，你记着点儿啊，只有2和5是直接能翻过来的。

【生】老师，10和0也能直接翻过来。

【师】对，10和0也可以直接翻。

【生】老师，8也可以。

【师】8可以。

【生】7也能。

【师】7，七翻不了。好啦，你记住啊，"9"变"6"，"6"变"9"，必须得对称几遍？

【生】两遍。

Ⅱ级：【课堂实录28】《需要多少钱》，整个教学环节围绕"买买买、分分分、变变变、画画画"进行，让学生由被动"观察"变为主动"参与""买文具"的活动，"分点子图"的活动，"变"算式表的活动，以及"画"算式的活动。学生借助行为操作，在"体验"中积累了思维经验。故归属为Ⅱ级。类似的教学实录均归为此类。

课堂实录28　　　　课堂教学片段（片段节选）

【师】接下来我们来进行第二件事儿——分分分。我们要分什么呀？分这些点子。那么请看我们的学习指南，接下来我们要进行的是小组学习，我们的学习任务是借助点子图，来探索12乘3怎么算。老师给大家五分钟的时间，这是我们要用的点子图，下面我想请同学读一下我们的学习要求，一条一条读。你来。

【生24】先说一说，怎么分才好呢？

【生25】再分一分，圈一圈。

【生26】把它们数出来，圈上。

【生27】最后写一写，算一算。

【师】一定要注重分工协作。

课堂实录28　　　　课堂教学片段（片段节选）

【师】看来平均分的这种方法，有的时候很好用，有的时候就不太好用。如果我们算像17这样的，就不好平均分，对不对？所以把它分成，找出几个10，再算剩余的这几个的方法怎么样啊？更简便。那好了，既然我们大家认同了这种方法，我们来看一下。这种方法不仅非常简便，它还有神奇之处。下面我们进行变变变环节。睁大眼睛，仔细看这幅图，点子变没了，这回变成什么了？这是一个什么？

情境描述：大屏幕上显示点子图变成表格的过程，表格如下所示：

×	10	2
3	30	6

【生】表格。

【师】表格，对不对？点子图啊，能变成表格。刚才的变化过程你们都看清楚了吗？

Ⅲ级：如【课堂实录21】《圆》，整个教学过程，教师完全放手让学生"探索"，甚至教师会在学生"探索"的过程中扮演"阻碍者"和"无知者"，进而使"探索"更深入。这节课就是一个综合活动，学生充分调动自己的行为、思维、情感等，积极主动地参与活动，积累了复合型的经验，知识技能、思维方法、情感态度等都得到了提升。故归属于Ⅲ级。类似的教学实录均归为此类。详见附录Ⅷ。

三、过程目标教科书与教学呈现分析框架的确认

为确保小学数学过程目标教科书与教学呈现分析框架的合理性，向数学界和数学教育界长于数学研究和数学教育研究的专家征询意见是非常重要的方式。通过专家咨询，可以利用专家的知识和经验等重要资源，确认分析框架的合理性及科学性。一般的，专家咨询问卷调查需要经过以下三个步骤：第一，调查问卷的初步设计；第二，问卷的发放、回收与整理；第三，问卷的结果分析与评价。

（一）专家咨询问卷的设计

根据研究目的与研究内容，专家咨询问卷包括两个：《小学数学过程目标教科书呈现分析框架的专家咨询问卷》和《小学数学过程目标教学呈现分析框架的专家咨询问卷》。专家咨询问卷包括前言、填写说明以及主体，其中主体分为两部分内容。前言部分简略说明研究问题、咨询主题以及咨询的重要性等；"填写说明"部分详细说明咨询内容和填写方法；"主体部分"主要针对咨询内容和咨询专家的基本情况展开，咨询内容是依据咨询目标、围绕小学数学过程目标教科书或教学呈现分析框架及示例而设计的问题。具体如下：

1. 专家咨询问卷的目的

《小学数学过程目标教科书呈现分析框架的专家咨询问卷》和《小学数学过程目标教学呈现分析框架的专家咨询问卷》旨在咨询如下两个方面问题：其一，小学数学过程目标教科书或教学呈现分析框架的合理性，即小学数学过程目标教科书呈现分为无级、Ⅰ级、Ⅱ级、Ⅲ级、Ⅳ级，以及每一级别的具体内涵是否合理；小学数学过程目标教学呈现分为0级、Ⅰ级、Ⅱ级、Ⅲ级，以及每一级别的具体内涵是否合理。其二，小学数学过程目标教科书

或教学呈现分析示例是否合理。

2. 专家咨询问卷的结构

《小学数学过程目标教科书呈现分析框架的专家咨询问卷》和《小学数学过程目标教学呈现分析框架的专家咨询问卷》由封面信、填写说明、小学数学过程目标教科书或教学呈现分析框架的合理性咨询、专家基本情况、结束语五部分构成。

封面信，是一封致被咨询专家的短信。在封面信里向咨询专家说明咨询者的身份、咨询的背景、咨询的主题、咨询的重要性以及咨询问卷的回收方式等。

"填写说明"部分，旨在阐释咨询的目标、咨询内容概述以及填写咨询问卷的方法。其中咨询内容概述中主要解释了小学数学过程目标教科书或教学呈现分析框架的设计依据，以帮助被咨询专家理解咨询内容的科学性，并详细了解咨询内容。

"小学数学过程目标教科书或教学呈现分析框架咨询"部分，是专家咨询问卷的主体。咨询问题就小学数学过程目标的教科书或教学呈现分析框架及其示例的合理性展开。咨询问题以封闭式问题为主。封闭式问题包括填表型问题和选择型问题两类。填表型问题用于咨询小学数学过程目标教科书或教学呈现分析框架的合理性。选择型问题用于咨询小学数学过程目标教科书或教学呈现分析示例的合理性。封闭式问题的答案是围绕合理程度按照Likert五级评定法进行设计的，合理程度分为非常赞同、赞同、无意见、不赞同、非常不赞同。小学数学过程目标教科书或教学呈现分析示例的合理性问题设计是按照问题逻辑性进行的，即按照小学数学过程目标教科书或教学呈现分析的等级依次编排，每一个问题下设计咨询赞同程度的问题。

"专家基本情况"部分，旨在询问被咨询专家的性别、年龄、学历、所学专业、专业领域、职称、单位性质、对小学数学过程目标教科书或教学呈现的熟悉程度、填写问题的判断依据等。其中，后两个问题的设计在于调查专家的权威程度，以保证咨询问卷的信度。

在结束语部分，感谢专家的不吝赐教，并送上祝福。

专家咨询问卷详见附录Ⅰ和附录Ⅱ。

（二）问卷的发放、回收与整理

1. 确定咨询专家

专家的遴选对于咨询的有效性而言至关重要。专家一般被认为是对某一领域的特定知识和能力掌握娴熟的人。本研究所需要的专家是指在数学教育界熟悉数学课程与课程目标的人。因此，确定咨询专家主要采用目的性抽样的方式，根据专家遴选标准进行专家筛选。

本研究中，专家遴选最为重要的标准就是熟悉小学数学过程目标。由于研究需要，专家咨询问卷分为《小学数学过程目标教科书呈现分析框架的专家咨询问卷》和《小学数学过程目标教学呈现分析框架的专家咨询问卷》。确定专家咨询问卷中的专家的重要依据有三个：其一，所在单位为师范大学或重点大学的教育部（院）的高校教师或一线教师中教龄、职称较高及研究经历丰富的人；其二，从事小学数学相关研究；其三，曾在国内外刊物公开发表与数学教育相关的研究论文或专著。

不同专家咨询问卷所需要的专家标准略有不同。《小学数学过程目标教科书呈现分析框架的专家咨询问卷》专家遴选以高校教师和教科书编者为主。这是因为，想要透彻和全面地理解小学数学过程目标的教科书呈现，需要有较高的理论视角，同时经常关注数学教育研究进展，故而所遴选的专家只有长期在高校工作的数学教育者或教科书研究者才能具备深入的理论基础并长期关注研究重点与趋势。《小学数学过程目标教学呈现分析框架的专家咨询问卷》专家遴选应该以一线教师，尤其是特级教师或教研员为主。这是因为，小学数学过程目标的教学呈现研究既要求深度掌握数学领域，同时深度理解一线教学的具体理论与实践，才能更为恰当和贴切地解释小数数学教学方面的理论与实践。

遵循如上专家遴选标准，分别遴选出 16 位和 17 位备选专家，包括高校的小学数学教育研究者、中小学数学教研员和中小学数学教师。

2. 实施专家咨询

实施专家咨询是指发放和回收《小学数学过程目标教科书呈现分析框架的专家咨询问卷》和《小学数学过程目标教学呈现分析框架的专家咨询问卷》。为保证咨询问卷的信度，问卷均发放于按照专家遴选标准遴选出的专家群体。咨询问卷的发放主要通过面对面和委托中间人两种形式向专家逐一发放。在通过面对面形式咨询时，及时针对相关问题进行请教和讨论，以期深入探讨。在通过委托中间人进行咨询时，对中间人进行简单培训以保证问卷信效度。

专家咨询分别向所遴选出的专家发送咨询问卷，分别收到 16 份、17 份回复问卷，回收率为 100%，其中有效问卷分别为 15 份，有效率为 93.7%、88.2%。

（三）专家咨询问卷的有效性分析

专家咨询问卷回收后，进行有效问卷筛选。随后，将有效问卷的数据输入 Excel 中，建立数据库。采用 SPSS21.0 对问卷数据进行描述性分析或统计分析。

1. 专家基本情况描述

专家基本情况的分析针对教科书呈现分析框架与教学呈现分析框架所咨询的不同专家群体分别进行。专家基本情况分析采用描述性分析。

（1）教科书呈现分析框架咨询专家的基本情况如表 4-4 所示。

表 4-4　教科书呈现分析框架咨询专家的基本情况

基本情况		人数	比例	基本情况		人数	比例
性别	男	7	46.7%	本科或专科阶段的专业	数学	3	20%
	女	8	53.3%		教育	9	60%
年龄段	60 岁以上	2	13.3%		数学教育	3	20%
	50—59 岁	6	40%		其他	0	0
	40—49 岁	4	26.7%	职称	正高级	11	73.3%
	35—39 岁	3	20%		副高级	3	20%
最高学历	博士	12	80%		中级	1	6.7%
	硕士	3	20%		初级	0	0
	本科	0	0	单位	高等院校	9	60%
	专科	0	0		教研机构	2	13.3%
专业领域	数学	3	20%		中小学	2	13.3%
	数学教育	7	46.7%		出版社	2	13.3%
	教育学	5	33.3%		—	—	—

从性别角度说，专家样本中，女性专家居多，男女比例为 7∶8，比例相

对协调；

从年龄层次说，专家样本中年龄为40岁以上的人数共12位，接近总人数的八成，工作经验丰富；

就最终取得的学历而言，专家样本仅分布于博士和硕士两个层次，且博士占80%，学历分布符合专家遴选标准；

就所从事的专业而言，以数学教育为专业领域的共7人，接近总人数的四成，以数学为专业领域的人数占20%，以教育为专业领域的人数占总人数的30%左右，说明专家选择以数学教育领域为主，兼顾数学和教育，相对合理；

就专科或本科阶段所学专业看，专家样本中多为教育学，其次是数学和数学教育，没有其他专业，符合专家样本的选择；

就获得的职称而言，调查的专家样本中，11位获得正高级职称，3位获得副高级职称，仅有1位是中级职称，职称级别的分布较为理想，这与学历分布情况共同确保了研究的可信性；

从工作单位属性看，专家样本多来自高校，占六成，教研机构、小学和出版社各占2个，专家遴选以高校为主，兼顾小学、数学教研员、数学教科书编写者，符合专家遴选标准。

综上，无论是性别、年龄等人口学数据，还是学历、专业、职称、单位这些专家识别信息的数据，都说明教科书呈现分析框架的专家咨询具有前期的可信性与科学性。

（2）教学呈现分析框架咨询专家的基本情况如表4-5所示。

从性别角度说，专家样本中，女性专家居多，男女比例为1：2，一线教师中，男女比例相对失调，所以专家样本中男女呈现如此比例是合理的；

从年龄层次说，专家样本中年龄为40岁以上的人数共12位，占总人数的80%，资历丰富；

就最终取得的学历而言，专家样本仅分布于博士和硕士两个层次，硕士占总人数的80%，博士占总人数的20%，学历分布符合教学呈现分析框架咨询问卷的专家遴选标准；

就所从事的专业看，以数学教育为专业领域的共10人，占总人数的66.7%，以数学为专业领域的人数占26.7%，以教育为专业领域的人数仅占总人数的6%左右，说明专家选择以数学教育领域为主，兼顾数学和教育，是合理的；

表 4-5 教学呈现分析框架咨询专家的基本情况

基本情况		人数	比例	基本情况		人数	比例
性别	男	5	33.3%	本科或专科阶段的专业	数学	6	40%
	女	10	66.7%		教育	1	6.7%
年龄段	60岁以上	0	0		数学教育	3	20%
	50—59岁	5	33.3%		其他	5	33.3%
	40—49岁	7	46.7%	职称	正高级	4	26.7%
	35—39岁	3	20%		副高级	8	53.3%
最高学历	博士	3	20%		中级	3	20%
	硕士	12	80%		初级	0	0
	本科	0	0	单位	高等院校	2	13.3%
	专科	0	0		教研机构	5	33.3%
专业领域	数学	4	26.7%		中小学	8	53.3%
	数学教育	10	66.7%		出版社	0	0
	教育学	1	6.7%		—	—	—

就专科或本科阶段所学专业看，专家样本中多为数学专业（占40%），数学教育专业和其他专业人数相当，分别占总人数的20%、33.3%，最后是教育学专业。存在其他专业的专家，主要是因为调查对象大部分来自小学，具有相当教龄或职称的教师择业时并无专业的硬性要求；

就获得的职称而言，调查的专家样本中，8位获得副高级职称，4位获得正高级职称，3位是中级职称，职称级别的分布较为理想，这与一线教师的职称级别分布具有一致性；

从工作单位属性看，专家样本多来自小学，占总人数50%多，其次是教研机构，占总人数的33.3%，专家遴选集中在小学和教研机构，是专家遴选的要求所致。

综上，无论是性别、年龄等人口学数据，还是学历、专业、职称、单位这些专家识别信息的数据，都说明教学呈现分析框架的专家咨询具有前期调研的可信性与科学性。

2. 专家咨询的可靠性描述

咨询结果的准确性与科学性很大程度上依赖于专家咨询的可靠性。专家咨询的可靠性分析需要通过专家积极系数、专家权威程度、专家意见的集中程度与协调程度三个指标进行描述。需说明的是,专家积极程度和专家权威程度的报告集中呈现在本部分,主要因为:专家积极系数和专家权威程度属于问卷整体可靠性的描述,而且,专家积极系数在问卷处理之初就可判定,专家权威程度则有专门的题目设置,故而在本部分直接呈现;而专家意见的集中程度与协调程度的报告则呈现于"教科书分析框架的专家咨询结果分析""教学分析框架的专家咨询结果分析"部分,主要因为:专家意见的集中程度与协调程度是对问卷中具体的客观题目的可靠性的描述,需要在每一具体题目下具体分析,故而在"教科书分析框架的专家咨询结果分析""教学分析框架的专家咨询结果分析"部分具体呈现。

(1)专家积极系数是指所咨询专家对该研究问题的关注和配合的程度。专家对所咨询的研究主题和内容的积极性越高,说明咨询结果的可靠性越强。专家积极系数用问卷回收率反映。回收率越高,专家积极性越高,其咨询的可靠性越强。专家积极系数通过问卷回收的百分比来表示。此外,有效问卷的比率也可以辅助说明专家的积极性。

《小学数学过程目标教科书呈现分析框架的专家咨询问卷》共发放16份,收到回复问卷16份,回收率为100%,其中有效问卷15份,有效率为93.7%。《小学数学过程目标教学呈现分析框架的专家咨询问卷》共发放17份,收到回复问卷17份,回收率为100%,其中有效问卷15份,有效率为88.2%。可见专家对所咨询的研究主题和内容积极度很高。

(2)专家权威程度是指所咨询专家针对研究问题的专业水平。专家对所咨询的研究内容的专业水平越高,咨询结果越可靠。专家权威程度由对咨询问题的熟悉程度和判断依据两个因素反映。专家权威程度主要采用专家自评的方式,通过判断系数与熟悉系数的算术平均值表示,即专家权威程度=(判断系数+熟悉系数)/2。其中,熟悉程度与判断依据的赋值见表4-6和表4-7。[1]

---

[1] 刘秀娜. 我国护理学博士研究生教育培养目标的探索性研究 [D]. 重庆:第三军医大学,2012:100.

表 4-6 专家熟悉程度的赋分表

非常熟悉	比较熟悉	一般熟悉	不太熟悉	不熟悉
1.0	0.8	0.5	0.2	0

表 4-7 专家判断依据的赋分表

判断依据	对专家判断的影响程度		
	大	中	小
理论分析	0.30	0.20	0.10
实践经验	0.45	0.35	0.20
对国外同行的了解	0.20	0.15	0.10
直观判断	0.05	0.05	0.05
合计	1.00	0.75	0.45

针对《小学数学过程目标教科书呈现分析框架的专家咨询问卷》：

依据专家熟悉程度的自评结果的数据可知，"非常熟悉"共 6 人，"比较熟悉"共 8 人，"一般熟悉"的共 1 人。依据专家熟悉程度的赋分表可知：

专家熟悉程度 = （1×6+0.8×8+0.5×1）/15＝0.86

依据专家判断依据的自评结果，获得其结果人数，如表 4-8 所示。根据专家判断依据的赋分表和人数结果可知：

专家判断系数 = （0.30×10+0.20×6+0.1×1+0.45×6+0.35×9+0.20×1+0.20×2+0.15×8+0.1×5+0.05×6+0.05×6+0.05×2）/15≈0.86

根据专家熟悉程度和判断系数，结合专家权威程度公式可知：

专家权威程度 = （判断系数+熟悉系数）/2＝（0.86+0.86）/2＝0.86

表 4-8 专家判断依据的自评结果人数统计（教科书）

判断依据	理论分析	实践经验	对国内外同行的了解	直观判断
大	10	6	2	6
中	6	9	8	6
小	1	1	5	2

针对《小学数学过程目标教学呈现分析框架的专家咨询问卷》：

依据专家熟悉程度的自评结果的数据可知，"非常熟悉"共 5 人，"比较熟悉"共 8 人，"一般熟悉"的共 2 人。依据专家熟悉程度的赋分表可知：

专家熟悉程度＝（1×5+0.8×8+0.5×2）/15＝0.83

依据专家判断依据的自评结果，获得其结果人数，如表4-9所示。根据专家判断依据的赋分表和人数结果可知：

专家判断系数＝（0.30×6+0.20×9+0.1×2+0.45×10+0.35×4+0.20×1+0.20×2+0.15×9+0.1×6+0.05×8+0.05×6+0.05×1）/15≈0.87

根据专家熟悉程度和判断系数，结合专家权威程度公式可知：

专家权威程度＝（判断系数+熟悉系数）/2＝（0.83+0.87）/2＝0.85

表4-9 专家判断依据的自评结果人数统计（教学）

判断依据	理论分析	实践经验	对国内外同行的了解	直观判断
大	6	10	2	8
中	9	4	9	6
小	2	1	6	1

一般认为，专家权威程度≥0.7，即为专家咨询结果可接受。两次专家咨询的专家权威程度分别为0.86和0.85，可见本研究所进行的专家咨询中的专家权威程度较高，咨询结果具有较高的可信度，可以作为研究依据。

（3）专家意见的集中程度与协调程度也是反映专家咨询结果科学性与准确性的重要指标。专家意见的集中程度是指所咨询专家对该研究问题的意见一致性程度。专家意见越集中，表明该研究问题获得同行的认同度较高，专家咨询的可靠性越强。专家意见的集中程度一般用平均数、中位数、满分比等指标反映。专家意见的协调程度是指所咨询专家对该研究问题的意见的收敛程度。专家意见的离散程度越低，其协同程度越高，说明专家咨询的可靠性越强。专家意见的协调程度一般用标准差、变异系数来反映。

专家咨询问卷中的客观题主要设计了有关分析框架及分析示例赞同程度的咨询条目，按照李克特五级指标给出回应项，数据处理时将五级指标按"非常赞同"到"非常不赞同"依次赋值为"5、4、3、2、1"。本研究采用平均数和中位数表示专家意见的集中程度，采用标准差和变异系数表示专家的协调程度。若某一条目的均分>3.5（总分5分的75%）或标准差<1或变异系数<0.25，表明该条目的赞同程度越高且合理性强。其中，均分和中位数的数值越大，说明专家意见越集中，则意味着该条目的赞成程度越高；标准差和变异系数越小，说明专家意见越收敛，则意味着专家对该条目的赞成

程度的判断分歧越小。

需要说明的是，由于专家意见的集中程度与协调程度是针对内容而言的可靠性描述，因此，专家意见的集中程度与协调程度在"专家咨询结果分析"部分的具体题目下进行逐一分析。

(四) 教科书分析框架的专家咨询结果分析

1. 小学数学过程目标教科书呈现分析框架的合理性分析

小学数学过程目标教科书呈现的分析框架，是依据《义务教育数学课标11版》关于过程目标的内涵规定与等级描述，结合教科书呈现实际的基础上形成的。针对该分析框架的合理程度，主要通过采用李克特五级指标设计的客观题展开咨询。专家对小学数学过程目标教科书分析框架的态度分析，采用赋值法，五级指标按"非常赞同"到"非常不赞同"依次赋值为"5、4、3、2、1"。表4-10呈现了专家对分析框架的基本态度。

表4-10 专家关于教科书呈现分析框架基本态度统计表

维度	均分	中位数	标准差	变异系数
无级	4.53	5	0.571	0.126
Ⅰ级	4.43	5	0.728	0.164
Ⅱ级	4.53	5	0.571	0.126
Ⅲ级	4.47	5	0.730	0.163
Ⅳ级	4.40	5	0.724	0.165

由表4-10可知，首先，五道客观题的均分均在4.40至4.53，处于"赞同"与"非常赞同"之间，中位数均为5，说明专家对小学数学过程目标教科书呈现的分析框架持赞同态度，认为其具有合理性；其次，五道客观题的标准差集中于0.55至0.75，变异系数集中于0.12至0.17，即标准差小于1，变异系数小于0.25，说明专家对于该内容的意见具有一致性，咨询结果具有可靠性。

2. 小学数学过程目标教科书呈现分析示例的合理性分析

小学数学过程目标教科书呈现的分析示例，是对小学数学过程目标教科书呈现分析的具体解释，详细地说明每一等级如何具体分析。分析示例的合理性分析采用客观题形式进行。专家对小学数学过程目标教科书呈现分析示例的基本态度分析，同样采用赋值法，五级指标按"非常赞同"到"非常不赞同"依次赋值为"5、4、3、2、1"。表 4-11 呈现了专家对分析示例的基本态度。

由表 4-11 可知，首先，相关题目的均分集中于 4.10 至 4.43，处于"赞同"与"非常赞同"之间，中位数为 5 或 4.5（只有一个），说明专家对小学数学过程目标教科书呈现分析示例持赞同态度，认为其具有合理性；其次，相关的五道题目的标准差处于 0.62 至 0.92，但集中在 0.7 左右，变异系数处在于 0.14 至 0.23，但集中于 0.16 左右，也就是说，相关题目的标准差小于 1，变异系数小于 0.25，说明专家对于该内容的意见具有一致性，咨询结果具有可靠性。

表 4-11 专家关于教科书呈现分析示例基本态度统计表

项目	均分	中位数	标准差	变异系数
1	4.37	4	0.718	0.164
2	4.10	4	0.923	0.225
3	4.43	4.5	0.626	0.141
4	4.23	4	0.728	0.172
5	4.33	4	0.711	0.164

（五）教学分析框架的专家咨询结果分析

1. 小学数学过程目标教学呈现分析框架的合理性分析

小学数学过程目标教学呈现的分析框架，是依据《数学课标 11 版》关于过程目标的内涵规定与等级描述，结合实际教学的基础上形成的。针对该分析框架的合理程度，主要通过采用李克特五级指标设计的客观题。专家对小学数学过程目标教学呈现分析框架的态度分析，采用赋值法，五级指标按"非常赞同"到"非常不赞同"依次赋值为"5、4、3、2、1"。表 4-12 呈现了专家对教学呈现分析框架的基本态度。

表 4-12 专家关于教学呈现分析框架基本态度统计表

维度	均分	中位数	标准差	变异系数
0 级	4.47	4	0.516	0.115

续表

维度	均分	中位数	标准差	变异系数
Ⅰ级	4.40	5	0.632	0.144
Ⅱ级	4.43	4.5	0.626	0.141
Ⅲ级	4.40	5	0.530	0.120

由表4-12可知，首先，四道客观题的均分均在4.40至4.47，处于"赞同"与"非常赞同"之间，中位数在4到4.5，说明专家对小学数学过程目标教学呈现的分析框架持赞同态度，认为其具有合理性；其次，四道客观题的标准差集中于0.51至0.64，变异系数集中于0.11至0.15，即标准差小于1，变异系数小于0.25，说明专家对于该内容的意见具有一致性，咨询结果具有可靠性。

2. 小学数学过程目标教学呈现分析示例的合理性分析

小学数学过程目标教学呈现的分析示例，是对小学数学过程目标教学呈现的四个等级的具体分析的解释。分析示例的合理程度采用客观题的形式进行。专家对小学数学过程目标教学呈现分析示例的基本态度分析，同样采用赋值法，五级指标按"非常赞同"到"非常不赞同"依次赋值为"5、4、3、2、1"。表4-13呈现了专家对分析示例的基本态度。

表4-13　专家关于教学呈现分析示例基本态度统计表

项目	均分	中位数	标准差	变异系数
1	4.20	4	0.805	0.192
2	4.37	4	0.615	0.141
3	4.37	4	0.669	0.153
4	4.33	4	0.711	0.164

由表4-13可知，首先，相关题目的均分集中于4.2至4.4，处于"赞同"与"非常赞同"之间，中位数为4，说明专家对小学数学过程目标教学呈现分析示例持赞同态度，认为其具有合理性；其次，相关的四道题目的标准差处于0.61至0.81，变异系数处在于0.14至0.20，也就是说，相关题目的标准差小于1，变异系数小于0.25，说明专家对于该内容的意见具有一致性，咨询结果具有可靠性。

四、过程目标教科书与教学呈现的分析过程

(一) 教科书呈现的分析过程

教科书呈现分析主要采用内容分析法进行。内容分析法是对文本内容进行量化处理和质性分析的方法，主要包括样本文献的遴选、分析框架的设计（上文已完成工具设计）、分析单位的确定、分析工作的开展、数据的处理与分析（第四章）五个步骤。

1. 样本文献的遴选

义务教育阶段小学数学教科书的现行版本有北师版（北京师范大学出版社）、人教版（人民教育出版社）、苏教版（江苏教育出版社）、浙教版（浙江教育出版社）、沪教版（上海教育出版社）、鲁教版（山东教育出版社）、鲁人版（山东人民出版社）、鲁科版（山东科技出版社）、外研版（外语教学与研究出版社）等不同版本。相比较而言，北师版和人教版小学数学教科书发行范围较广、使用量较大。但由于时间与与精力有限，本研究遴选北师版 6 册 12 本小学数学教科书作为研究对象。

2. 分析单位的确定

分析单位是根据研究需要对文本内容进行分析的最小单位。分析单位的确定是利用内容分析法进行分析的基础工作，是后续工作开展是否顺利、有效的关键。分析单位通常就是编码单位，需要有明确的限定范围，具有操作性。分析单位可以是时间间隔，也可以是空间间隔。具体到教科书中，可以是"课时"间隔，也可以是"单元""小节"间隔。在教科书分析中常用的分析单位有：字、句、段落、篇、人物、主题。❶ 研究目标与分析框架的规定是分析单位确定的主要依据。

小学数学过程目标的教科书呈现研究，旨在分析教科书内容对过程目标的呈现情况。教科书呈现研究的分析单位确定为主题分析，这里的主题是指涉及过程目标主题的最小单位，可以是例题、习题，也可以是某一幅图像、一句话。总之，存在于小学数学教科书中的涉及过程目标的内容主题均被提炼。

---

❶ 刘电芝. 教育与心理研究方法 [M]. 重庆：西南师范大学出版社，1997：187.

3. 分析工作的开展

内容分析法通常是由研究者设计分析框架、分析类目与子类目对文本内容进行定量分析。虽然，鉴于研究需要，小学数学过程目标教科书分析框架与分析示例的设计已重点关照操作性，但研究者利用分析框架及分析类目进行分析无可避免地会带有主观色彩。因此，分析工作中最为核心的要求就是保证分析的信度。

内容分析的信度公式为：

$$R = \frac{n \times K}{1 + (n-1) \times K}$$

（R 为内容分析信度，n 为分析者数量，K 为平均相互同意度）

评价相互同意度是指分析者之间相互同意的程度，其公式为：

$$K = \frac{nM}{N_1 + N_2 + \cdots + N_n}$$

（n 为分析者数量，M 为分析者都同意的主题数，N 为每个分析者的栏目数）

内容分析法的信度分析是指两位或两位以上的熟悉该领域的研究者依据分析框架与分析类目对同一材料中的相关主题进行评判的一致性程度。一致性越高，信度越高。教科书的分析，由三名分析员组成的分析小组展开。其中一名是笔者，另外两名分别是对过程目标很熟悉的高校教师 K 和 D。分析开展前，有笔者对两名分析员做简单培训，说明分析框架及要求。以"过程目标"为要点，依据"过程目标教科书呈现分析框架"，反复对教科书内容进行了数轮循环往复的分析。具体的分析信度如下所示：

（1）整体分析的信度

过程目标教科书呈现分析中，共有 1518 个分析单位。三位分析员分析一致的单位共 1189 个，按照上述相互同意度与信度分析公式，可知：

$$K = \frac{3 \times 1189}{1518 + 1518 + 1518} \approx 0.78$$

$$R = \frac{3 \times 0.78}{1 + (3-1) \times 0.78} \approx 0.91$$

（2）一致性分析的信度

一致性分析中，共有 375 个分析单位。三位分析员分析一致的单位共 341 个，按照上述相互同意度与信度分析公式，可知：

$$K = \frac{3 \times 341}{375 + 375 + 375} \approx 0.90$$

$$R = \frac{3 \times 0.90}{1 + (3-1) \times 0.90} \approx 0.96$$

通常，分析信度达到 0.8 即算达标，主题分析信度约为 0.91，一致性分析信度约为 0.96，显然具有较高的信度。

（3）案例分析的信度

针对"数学活动经验"，共有 438 个分析单位。三位分析员分析一致的单位共 379 个，按照上述相互同意度与信度分析公式，可知：

$$K = \frac{3 \times 379}{438 + 438 + 438} \approx 0.86$$

$$R = \frac{3 \times 0.86}{1 + (3-1) \times 0.86} \approx 0.95$$

针对"数学价值观"，共有 2254 个分析单位。三位分析员分析一致的单位共 1955 个，按照上述相互同意度与信度分析公式，可知：

$$K = \frac{3 \times 1955}{2254 + 2254 + 2254} \approx 0.87$$

$$R = \frac{3 \times 0.87}{1 + (3-1) \times 0.87} \approx 0.95$$

针对"合作问题解决"，共有 449 个分析单位。三位分析员分析一致的单位共 389 个，按照上述相互同意度与信度分析公式，可知：

$$K = \frac{3 \times 389}{449 + 449 + 449} \approx 0.87$$

$$R = \frac{3 \times 0.87}{1 + (3-1) \times 0.87} \approx 0.95$$

（二）教学呈现的分析过程

教学呈现分析主要采用教学视频分析法进行。"视频分析提供一种新的技术和路径，让研究者更好地分析真实课堂情境下的教——学发生过程，为各种类型的涉及教学过程的研究提供了新的选择"[1]。现实的课堂中，教师的

---

[1] 郑太年，仝玉婷. 课堂视频分析：理论进路、方法与应用 [J]. 华东师范大学学报（教育科学版），2017（3）：153.

教学往往是一种"计划下的无意",这种真实性更为直接地反映了过程目标的教学呈现情况。教学视频分析,主要包括教学视频录制、教学视频转录、分析框架设计(上文已完成)、教学实录分析、数据处理分析(第五章)五个环节。

1. 教学视频录制

课堂教学视频的搜集,基于质性研究的非概率抽样原则,采用目的性抽样的方法,抽取了D、J、Z三所学校的34节课。2018年5月至6月、9至10月、10月至11月,研究者分别在D、J、Z三校进行听课,并进行课堂教学视频的录制。其中常态课17节,公开课17节;三年级5节,四、六年级10节,五年级9节;关于数与代数的21节、关于图形与几何的11节、关于统计与概率和综合与实践的1节(见表4-14)。

表4-14 课堂教学视频统计表

维度	类别	数量
课型	常态课	17
	公开课	17
年级	三年级	5
	四年级	10
	五年级	9
	六年级	10
内容领域	数与代数	21
	图形与几何	11
	统计与概率	1
	综合与实践	1

2. 教学视频转录

为保证课堂教学视频资料转录的高度还原性,教学视频转录分为两个环节:首先,由课程与教学论专业的两名硕士研究生以人工形式,同时但分开对课堂教学视频资料进行逐字逐句的转录。其次,两名博士研究生对转录文本进行比对,针对不一致的地方,重新观看视频加以更正。

转录要求为:

(1) 标题为"年级+课题名称",如:五年级上册+三角形面积。

(2) 实录以"师生对话+情境描述"的形式呈现。对话在不改变原意的基础上可适当增减。

【师】同学们好!

【生齐】老师好!

【生1】

【生2】(学生顺序,依次类推,但多次出现,要统一命名)

情境描述:描述课堂教学中教师行为或学生行为。

课堂教学视频依次编码为【课堂实录1】【课堂实录2】……【课堂实录34】。

(3) 实录内容要保证"还原真实"。

3. 教学实录分析

教学实录是教学视频的文本形式。为保证教学实录分析的科学性,需要注意两点:一是教学实录分析要结合教学视频而进行,不能脱离教学视频而单纯分析教学实录,这样容易导致分析失真;二是确保分析的信度。教学实录分析是分析者根据研究者设计分析框架与要求,结合教学视频,对课堂实录进行分析。虽然分析框架与示例的设计已重点关照操作性,但分析的过程还是会因为分析者的个人因素而带有主观色彩。因此,确认分析信度是分析工作中最为核心的部分。

教学实录分析,由三名分析员组成的分析小组展开分析。其中一名是笔者,另外两名分别是对过程目标很熟悉的小学数学特级教师Y和L。分析开展前,由笔者对两名分析员做简单培训,说明分析框架及要求。以"过程目标"为要点,依据"过程目标教学呈现分析框架",参照教学视频,反复阅读课堂实录,对34节课堂实录的内容进行了数轮循环往复的抽象、归纳与概括,得到过程目标的教学呈现样态。三名分析者若有不一致意见时,进一步邀请博导给出意见与评判倾向。

教学过程往往是一脉相承的。因此,对于过程目标教学落实的考察,以课为分析单位。本研究中,共有34个分析单位,三位分析员分析一致的单位共30个,按照上述相互同意度与信度分析公式,可知:

$$K = \frac{3 \times 30}{34 + 34 + 34} \approx 0.88$$

$$R = \frac{3 \times 0.88}{1 + (3-1) \times 0.88} \approx 0.96$$

通常，分析信度达到0.8即算达标，教学实录分析信度约为0.96，显然具有较高的信度。

第五章　小学数学过程目标在教科书中的呈现

《数学课标11版》在"教材编写建议"中明确,"教材内容的呈现应体现过程性,……设计必要的数学活动。让学生通过观察、实验、猜测、推理、交流、反思等,感悟知识的形成和应用。恰当地让学生经历这样的过程,对于他们理解数学知识与方法、形成良好的数学思维习惯、增强应用意识、提高解决问题的能力有着重要的作用"。具体地,"在设计一些新知识的学习活动时",要"展现'知识背景—知识形成—揭示联系'的过程";"在设计运用数学知识解决问题的活动"时,要展现"'问题情境—建立模型—求解验证'的过程"。本研究试图基于"过程目标教科书呈现的分析框架"对北师版6册12本小学数学教科书进行分析,透视小学数学过程目标的教科书呈现现状、特征和现实困境,以期为小学数学教科书编写与改进提供意见与建议。

一、小学数学过程目标教科书呈现的现状

关于小学数学过程目标教科书呈现现状的分析,主要是利用"过程目标教科书呈现分析框架（正式版）"对教科书中的相关内容进行具体分析,获得呈现现状。

（一）过程目标教科书呈现的整体分析

据表5-1可知,数学教科书中,过程目标共呈现1518次。Ⅰ级呈现最多（1228次）,占总呈现量的80.9%;相对于Ⅰ级,Ⅱ级、Ⅲ级、Ⅳ级的呈现数量均很少,其中Ⅳ级呈现相对可观（182次）。可见,过程目标在教科书中的呈现侧重于呈现"感官"活动,让学生获得一种感官认知。同时,在适合落实过程目标的内容中,侧重设计"探索"活动,引导师生在探索中积淀行为、思维、情感的综合经验。

表 5-1 过程目标教科书呈现总频次

呈现等级	Ⅰ级	Ⅱ级	Ⅲ级	Ⅳ级	总量
频次	1228	79	29	182	1518
频率	80.9%	5.2%	1.91%	12.0%	100%

教科书是文本课程，限于文本属性，无法大幅度地呈现"过程"，只能借助语言或图画向师生呈现"感官活动"，即利用文字或图片描述"他人的活动"，让师生（尤其是学生）与"他人"共情，获得感官认知。这是教科书Ⅰ级呈现多的主要原因。同时，Ⅳ级呈现相对可观，从某种意义上表明，北师版教科书关照高层次过程目标（即"探索"目标）的呈现。在条件允许的情况下，尽可能地让学生通过"探索"，形成自己的活动经验。

（二）过程目标在不同内容领域呈现的具体分析

表 5-2 中的"无领域"是指"过程目标"所依载的相关内容无法归属于数学四大领域之中，通常呈现于前言、整理复习等教科书系统中。

表 5-2 过程目标在不同内容领域中的呈现数量与比例分布

内容领域	Ⅰ级		Ⅱ级		Ⅲ级		Ⅳ级		总量	百分比
	数量	百分比	数量	百分比	数量	百分比	数量	百分比		
无领域	27	60%	7	15.6%	1	2.2%	10	26.7%	45	3%
数与代数	808	86.7%	40	4.3%	23	2.5%	61	6.5%	932	61.4%
图形与几何	276	72.6%	23	6.1%	4	1.1%	77	20.3%	380	25%
统计与概率	89	79.5%	6	5.4%	0	0	17	15.2%	112	7.4%
综合与实践	28	57.1%	3	6.1%	1	2.0%	17	34.7%	49	3.2%

据表 5-2 可知，就总量而言，数与代数领域对过程目标的呈现最多（932 次），占总量的 61.4%；呈现最少的是综合与实践领域（49 次）。"总量"对过程目标的刻画是一种绝对数量的描述。不同内容领域中，过程目标呈现的多少并不能完全反映内容领域对其关照程度的高低。这与小学数学学科中不同内容领域的比例不同也有关。

由于不同内容领域在数学课程中的各自占比不同，导致"绝对量"无法有效刻画其呈现现状。因此，采用"过程目标容量与总内容容量之比"，即相对数量，来进一步刻画。据表 5-2 可知，数与代数领域中，过程目标数量的占比相对较高，在 61.4% 左右；统计与概率领域和综合与实践领域中，过程目标数量的占比较低。可见，从相对数量来看，统计与概率领域、综合与实践领域对过程目标的呈现更少。

对不同内容领域中呈现的过程目标进行具体分析，发现，四大内容领域在过程目标的呈现上具有相似性，即与过程目标的总体呈现情况一致。四大内容领域中，Ⅰ级呈现最多，Ⅳ级呈现其次，Ⅱ级位居第三，Ⅲ级呈现最少。这反映出在教科书四大内容领域中，多呈现"感官活动"，但对于真正的过程目标（"经历""体验""探索"）的分布，则侧重"探索"层次，对"经历（感受、尝试）""体验（体会）"层次的体现相对较少。

针对具体内容领域进行详细分析，可知：数与代数领域中，Ⅰ级和Ⅲ级的呈现比例最大（86.7%）；图形与几何领域和综合与实践领域中，Ⅱ级的呈现比例最大；综合与实践领域中，Ⅳ级的呈现比例最大。数与代数领域中，多涉及数与代数的认识和运算。针对数的认识，教科书似乎更适合设计"感官活动"以期使学生获得感官认知；针对数的运算，教科书设计的重点不应是"会计算"，而是"懂算理"，这就要求呈现算的过程，让学生"体验"，获得思维经验。所以多呈现"感受"与"体会"层次的过程目标。图形与几何领域中，多为图、形和几何运算等，必然需要"画""拼""旋转"等"行为经验"，于是，多"经历"层面的过程目标。综合与实践领域设计的宗旨，是让学生积极参与活动，获得经验，"参与"离不开行为，所以多"经历"层次的过程目标。同时，综合与实践领域一般是开展一项综合活动让学生积极投入其中，故而，多呈现"探索"层次的过程目标。

（三）过程目标在不同年级呈现的具体分析

据表 5-3 所示，就总量而言，六年级的过程目标呈现最多（346 次），其次是三年级（270 次），四年级和一年级呈现最少（229 次和 168 次）。造成这种情况的原因，似乎在于一年级和四年级是一、二学段的起始年级，而三年级和六年级是一、二学段的最后年级，过程目标的呈现在学段内保持逐级上升规律。同时，第二学段呈现的过程目标明显多于第一学段，过程目标在学段上也保持逐级上升规律。

针对不同年级中各层级过程目标进行具体分析发现，无论是年级呈现，还是学段呈现，不同层级的过程目标的分布具有一致性。过程目标的教科书呈现的设计是一脉相承的。同时，这种一致性的分布也表明，过程目标的教科书呈现没有考虑年级间的差异性，这是值得关注的地方。

表 5-3 过程目标在不同年级中的呈现数量与比例分布

年级	Ⅰ级		Ⅱ级		Ⅲ级		Ⅳ级		总量
	数量	百分比	数量	百分比	数量	百分比	数量	百分比	
一年级	126	75%	8	4.8%	6	3.6%	28	16.7%	168
二年级	189	77.8%	10	4.1%	4	1.6%	40	16.5%	243
三年级	231	85.6%	14	5.2%	5	1.9%	20	7.4%	270
四年级	185	80.8%	15	6.6%	5	2.2%	24	10.5%	229
五年级	209	79.5%	16	6.1%	6	2.3%	32	12.2%	263
六年级	288	83.2%	16	4.6%	3	0.9%	38	11.0%	346
第一学段	546	80.2%	32	4.7%	15	2.2%	88	12.9%	681
第二学段	682	81.4%	47	5.6%	14	1.7%	94	11.2%	838

二、小学数学过程目标教科书呈现的特点

（一）多"感官认知"，少"经历""体验""探索"

研究表明：北师版小学数学教科书中，"经历（感受、尝试）""体验（体会）""探索"共呈现 290 次，仅占总量的 19%。这说明，北师版小学数学教科书虽在一定程度上按照《数学课标 11 版》进行修订，但教科书中的过程目标呈现，更像是源自数学内容的内在诉求，而非基于过程目标理念的"刻意"设计，缺乏理性思考与科学落实。各年级、各内容领域中，过程目标呈现共同表现出多Ⅰ级，少Ⅱ级、Ⅲ级、Ⅳ级的现状，但这似乎更加说明，过程目标的呈现是数学内容的内在结构导致的直接结果，而非理性思考下的科学权衡。原因似乎在于，北师版小学数学教科书的修订是依据《数学课标 11 版》对 2001 年版的教科书进行的"小修小补"（而不是严格按照《课标 11 版》进行的系统整体设计），其过程目标的呈现只是顺应数学知识的内在要求而编排，随意性强。

（二）过程目标呈现因内容领域而异，照顾内容特色

研究显示，数与代数领域中，过程目标侧重"感官认知"与"体验"层

次，这是因为该领域主要是数的理解与运算的内容，这些内容需要借助"感官认知"或"体验"来帮助学生感受数、体验算理；图形与几何领域中，过程目标则侧重"经历"层次，这是因为该领域主要是图形的认识、平移、旋转、运动等内容，这些内容需要借助"经历"以帮助学生积累行为经验；综合与实践领域中，过程目标则侧重"探索"层次，旨在让学生在综合数学活动中积累复合性数学经验，这归因于综合与实践领域的设置宗旨，即综合与实践是以问题为载体，学生自主参与为主的学习活动，旨在综合运用已有经验，获得综合性活动经验。研究显示，不同层级的过程目标在四大领域的分布基本一致。这表明，北师版小学数学教科书对过程目标的设计，是依据不同内容领域的特色进行的适切性编制。但也不能排除如此"刻意"编排仅仅是不同内容的内在需要的浑然天成。因为，教科书编制时，过程目标还未被正式提出。现行北师版小学教科书并非《数学课标 11 版》的直接产物。《数学课标（实验稿）》没有将"过程目标"作为概念提出，只是规定了体现过程目标的"行为动词"。其实，本无需细究过程目标的呈现具有数学内容特色是何原因导致。毕竟，现行北师版小学数学教科书在过程目标呈现时，已开始根据数学内容的属性及特点适切地呈现，但这只是刚刚起步。依据内容特性落实过程目标，是未来进一步完善教科书的一项重要工作。过程目标只有照顾内容属性才能获得更高效地落实。

（三）过程目标的年级呈现具有学段内逐级上升的特点

研究显示，在第一、第二学段内，过程目标的呈现量逐级上升。这表明，在现行北师版小学数学教科书中，过程目标的设计与编排，重点关注了学段内的年级差异性和学段间的差异性，照顾到了学生的阶段发展性。但针对小学整体阶段的年级差异的照顾有所欠缺，尤其是三年级向四年级过渡阶段的"数量衰减"趋势似有不妥。同时，不同等级的过程目标的分布在每个年级与学段上基本一致，即多Ⅰ级，少Ⅱ级、Ⅲ级、Ⅳ级呈现。虽然在后三级中侧重Ⅳ级呈现，但本质上，过程目标的呈现多低等级，且年级与学段间的差异不显著。这样的现状足以说明，过程目标的设计与编排缺乏一定的科学性和合理性。因为不同年级与学段的学生在生理与心理上有着不一样的特点，其智力与情感发展也具有阶段性特征。因此，教科书目标与内容的设计必须依据学生年龄特征而设置必要的阶段目标。作为课程目标的"过程目标"也不应该例外。低年级学生鉴于心理发展特点，更适合通过"感官活动"去"感官性地认知"数学世界，而随着年龄的上升，"经历""体验""探索"的需求逐渐丰富起来。高年级的学生无论是在生理、心理发展上，还是智力、能力发展上，都更应选择倾向于"探索"层次的过程目标。因此，依据学年段的学生特点落实过程目标，也是教科书呈现过程目标需要改进的一个方向。

三、小学数学过程目标教科书呈现的案例分析

教科书落实过程目标，就是指数学教科书要呈现过程性内容，从而引导学生在过程中"经历（感受、尝试）""体验（体会）""探索"，以积淀数学经验。过程目标的落实，本质上在于促进数学经验的积淀。过程目标指向数学经验，数学经验则依赖于过程目标。因此，具体分析不同数学经验中的过程目标的呈现状态，才能更为透彻地探析过程目标呈现的具体现状。数学经验是一个广义的概念，既包括知识技能经验，也包括思想方法经验，还包括情感态度经验等等。因此，针对过程目标的案例分析，只能选择具有代表性的数学经验而展开。

《数学课标11版》"总目标"的"知识技能"中，规定"参与综合实践活动，积累综合运用数学知识、技能和方法等解决简单问题的数学活动经验"。虽然《数学课标11版》没有使用"经历（感受、尝试）""体验（体会）""探索"的过程目标动词描述"数学活动经验"，但"参与活动"的表述中蕴含着"数学活动经验"的积淀是需要过程的。

《数学课标11版》"总目标"部分的"情感态度"中，规定"体会数学的特点，了解数学的价值"；"学段目标"的"情感态度"中规定"感受数学与生活有密切的联系""在运用数学知识和方法解决问题的过程中，认识数学的价值"；课程内容部分"第一学段"的"综合与实践"中规定"感受数学在日常生活中的作用"。《数学课标11版》的相关表述虽没有直观明确的点明"数学价值观"的课程教学必须落实过程目标，但"体会""在……过程中""感受"等词，无疑说明"数学价值观"的培养与过程目标的旨趣相同。

《数学课标11版》"总目标"部分的"问题解决"中，规定"学会与他

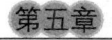

人合作交流";在"学段目标"的"问题解决"中规定"体验与他人合作交流解决问题的过程""经历与他人合作交流解决问题的过程"。《数学课标11版》如是规定,强调了"合作问题解决"的重要性,同时说明"合作问题解决能力"需要在过程中培养。

数学活动经验、数学价值观和合作问题解决能力的积淀,需要"经历(感受、尝试)""体验(体会)""探索"的过程加以完成,不同层级的过程目标形成不同程度的数学经验、数学价值观和合作问题解决能力。下文就将以"数学活动经验""数学价值观"和"合作问题解决"为例,对过程目标的教科书呈现进行具体的案例分析,以期更微观地考察过程目标的教科书呈现样态。

(一) 数学活动经验的案例分析❶

"(教师要)启发学生思考,让学生在掌握所学知识技能的同时,感悟知识的本质,积累思维和实践的经验,形成和发展核心素养"❷,史宁中教授的这段阐述,比较清晰地揭示"四基"(即基础知识、基本技能、基本思想、基本活动经验)与"数学核心素养"之间的关系——"四基"是发展学生数学核心素养的基本路径和必经渠道。在"核心素养"从理论逐步走向实践的今天,"四基作为进入新世纪以来基础教育课程改革的标志性成果"❸ 并非已过时。相反,"四基"是数学核心素养落实于课程和教科书的重要载体之一。相对于作为结果存在的基础知识、基本技能,基本思想与基本活动经验更倾向于学习过程的积淀。以往结果为本的课程教科书设计理念已成功解决"双基"的课程教科书物化问题,而教科书编写如何实现过程为本,以帮助学生经历过程、提炼思想、积淀经验,仍是当前研究的重点和难点。

1. 基本活动经验的内涵及分类

1992年,曹才翰、蔡金法在《数学教育学概论》中指出,"数学学习内容可分为知识、数学活动经验、创造性数学活动经验三类"❹,"数学活动经

---

❶ 赵娜,孔凡哲,史宁中. 基本活动经验视角下数学教科书的定量研究——以北师版小学数学教科书为例 [J]. 教育理论与实践,2019,39 (8):40-43.
❷ 史宁中. 推进基于学科核心素养的教学改革 [J]. 中小学管理,2016 (2):19-21.
❸ 崔英梅,孔凡哲. "四基"理论实践探索中问题分析与改进对策 [J]. 中国教育学刊,2014 (3):53-57.
❹ 曹才翰,蔡金法. 数学教育学概论 [M]. 南京:江苏教育出版社,1992:29-31.

验"进入数学教育的理论研究视野，但并未引起实践领域的关注。2001年，国家教育部颁布的《数学课标（实验稿）》将"数学活动经验"作为数学知识提出。2011年，《数学课标11版》，则将"基本活动经验"与基础知识、基本技能、基本思想并列，纳入课程总目标。基本活动经验是十年（2001-2011）课改的实践产物，是指"学生亲自或间接经历了活动过程而获得的经验"❶。对数学学科而言，是指"围绕数学课程和教学目标，学生经历了与数学相关的各类基本活动之后，所留下的直接感受、体验和感悟"❷。在基本活动经验中，活动是载体，经验是目标，通过经历数学活动，学生不仅了解到数学知识与技能的现实产生源，获得关系性理解，更能培养数学眼光，积淀数学思维，习得数学语言。而"基本活动经验的积累，本质上是让学生获得数学直观"，❸❹ 最终形成"数学思维方式"，而"数学思维方式恰恰是中国学生发展的数学核心素养的最重要的成分"❺。

针对"数学活动经验"，分类标准的不同导致结果不同。按照经验来源，基本活动经验既有现实生活的写照，也有数学学科本身的抽象，可分为直接数学活动经验（来源于日常生活）、间接数学活动经验（来源于创设情境）、专门设计的数学活动经验（来源于纯粹的数学操作）和意境联结性数学活动经验（借助于想象）四类；❻ 按照数学活动特征，可分为演绎活动经验和归纳活动经验❼；按照布鲁姆提出的基本学习领域，可分为认知性数学活动经验、情感体验性数学活动经验、动作技能性数学活动经验❽。

上述分类更倾向活动类型的区分，而对数学活动经验的层次性关注不够。

基本活动经验，是经验的一种，是学生与学习活动相互作用的结果。史

---

❶ 史宁中，柳海民. 素质教育的根本目的与实施路径 [J]. 教育研究，2007（8）：13.
❷ 孔凡哲. 基本活动经验的含义、成分与课堂教学价值 [J]. 课程·教材·教法，2009（3）：34.
❸ 孔凡哲. 基本活动经验的含义、成分与课堂教学价值 [J]. 课程·教材·教法，2009（3）：34.
❹ 史宁中. 注重"过程"中的教育——《义务教育数学课程标准》修订的若干思考 [J]. 人民教育. 2012（7）：32-37.
❺ 孔凡哲，史宁中. 中国学生发展的数学核心素养概念界定及养成途径 [J]. 教育科学研究，2017（6）：5-11.
❻ 张奠宙，竺仕芬，林永伟，等."基本数学经验"的界定和分类 [J]. 数学通报，2008（5）：4-5.
❼ 王新民，王富英，王亚雄，等. 数学"四基"中"基本活动经验"的认识与思考 [J]. 数学教育学报，2008（3）：17-19.
❽ 仲秀英. 学生数学活动经验的内涵探究 [J]. 课程·教材·教法，2010（10）：54.

宁中教授指出，数学基本活动经验包括"实践的经验"和"思维的经验"❶❷。"实践的经验"主要是从外部世界抽象出数学，将形式化数学用于外部现实中获得的经验，包括设计、规划、组织、协调等的经验；"思维的经验"主要是进行数学符号化过程中获得的经验，学生在日常学习中主要获得的是"思维的经验"。二者不是截然分开，而是各有侧重。❸ 基于此，基本活动经验可以区分为行为操作活动的经验和思维操作活动的经验。行为操作活动的经验对应实践的经验，思维操作活动的经验对应思维的经验。由于活动对象与现实的距离有差别、抽象程度有差异，导致思维层次有高低之分，基本活动经验可以进一步分为更细致的四个层次，即（行为）操作经验、探究的经验、思考的经验、复合的经验。❹ 四个层次的划分虽更加具体，但其本质还是"操作的经验"与"思维的经验"的衍生。基于《数学课标 11 版》提出的三个层级的"过程目标"，结合"操作的经验和思维的经验"的分类，本研究中将"数学活动经验"划分为操作的经验、思维的经验和复合的经验三类。具体地，操作的经验对应"经历"，是一种简单的行为经验；思维的经验对应"体验"，是一种思想方法的积淀；复合的经验是操作经验与思维经验的合体，是一种集行为与思想于一体的经验。

2. 数学活动经验的经典案例阐述。

案例 1："撕"近似圆中积淀经验，获得抽象思维。

给你一张简单的 A4 纸，请撕出一个近似"圆"的纸片。

第一步，教师撕出一个近似的圆纸片，学生观察与思考。

第二步，重演"撕的过程"，让学生模仿。

第三步，再重演，分析对折的目的及其效果，帮助学生一边做一边感悟。

这是"操作经验"积淀的教学案例。通过反复"撕"，让学生通过"操作"实现"圆"概念的抽象过程。只有学生亲身经历数学概念的抽象过

---

❶ 史宁中. 注重"过程"中的教育——《义务教育数学课程标准》修订的若干思考 [J]. 人民教育，2012（7）：32-37.

❷ 郭玉峰，史宁中. "数学基本活动经验"研究：内涵与维度划分 [J]. 教育学报，2012，8（5）：23-28.

❸ 郭玉峰，史宁中. "数学基本活动经验"研究：内涵与维度划分 [J]. 教育学报，2012，8（5）：23-28.

❹ 孔凡哲. 基本活动经验的含义、成分与课堂教学价值 [J]. 课程·教材·教法. 2009（3）：34.

程，才能获得数学理解，积淀抽象思想，形成初步的数学抽象能力。

案例2："一个两位数乘11"中积淀"归纳、演绎"思维经验。

第一步（计算），列竖式计算：13×11，15×11，17×11。

第二步（观察猜想），仔细观察每道算式的因数与积，说一说发现了什么。

从

$$13 \times 11 = 143$$
$$15 \times 11 = 165$$
$$17 \times 11 = 187$$

的算式上，学生似乎发现：积的百位都是1，积的个位是第一个因数的个位，积的十位比个位多1，等等不同的猜想。

第三步（猜想验证），猜一猜11×23和11×47的结果，可能是多少？列式验证自己的猜测。

基于之前的猜想，学生会猜："23×11的结果应该是143"，"45×11的结果应该是145"，但计算发现"猜想错误"。所列算式为：

$$23 \times 11 = 253$$
$$45 \times 11 = 495$$

第四步（猜想修正），观察上述六个算式，发现什么。

这个时候，学生会发现：算式左边，都是"一个两位数乘11""积的百位上的数字是两位数的十位上的数字""积的个位上的数字是两位数的个位上的数字""积的十位上的数字是两位数的和"。此时，归纳为"两边一拉，中间一加"。

第五步（猜想再验证），运用你发现的规律，编一个两位数，先猜想，再列竖式计算验证猜测。

第六步（继续猜想），按照你自己的猜想，再猜一猜11×68的结果会是多少？再用列竖式的方法验证。此时，两位数之和6+8超过10，前面的"猜想"需要修改。

通过计算发现，不是"6148"，而是"748"。最终，学生将猜想"两边一拉，中间一加"修正位"两边一拉，中间一加，中间满十，百位加1"。

"一个两位数乘以11"是思维经验积淀的经典案例。这一问题中蕴含数学规律，需要学生观察、发现、猜想、验证的思维过程。通过"探索"，获得"个案 1，…，个案 n→归纳出一个共性规律，发现→猜想→验证自己的猜想→得出一般的结论"的数学活动经验，让学生拥有了一次"数学家式"的思考过程，感受过程，积淀智慧。

3. 指向过程目标的数学活动经验

"通过义务教育阶段的数学学习，学生能获得适应社会生活和进一步发展所必需的数学的基础知识、基本技能、基本思想、基本活动经验。❶" 在此，基本活动经验是作为结果目标出现的。数学学习应该让学生通过数学活动获得基本的数学经验，也就是拥有数学直观。过程目标指向的基本活动经验是一种过程的存在。学生应该借助教科书呈现的数学活动而经验（经历）数学，从而积淀数学直观。也就是说，作为过程目标的基本活动经验，不是直接地将数学经验呈现给学生或教师，而是呈现载有数学经验的活动，或者呈现一种指向数学经验的活动引导。可见，（数学）基本活动经验的教科书物化，其本质是数学活动的呈现。当然，这里的数学活动是数学经验的载体，应该既包括显性的载有数学经验的活动，也包括隐性的指向数学经验的引导。因此，数学活动是否指向基本数学经验，及其指向的层级，是探索基本活动经验在教科书中呈现效果的关键。过程目标的三个层次：经历（感受、尝试）、体验（体会）、探索正好是数学活动经验中操作的经验、思维的经验和复合的经验所对应需要的过程。基本活动经验在数学教科书中呈现效果的探析，重点讨论两个问题：数学教科书中呈现的数学活动是否指向数学经验；数学活动的经验性指向的层级如何。

4. 数学活动经验内容下的过程目标分析

以"经历（感受、尝试）""体验（体会）""探索"为分析指标，对北师版小学数学教科书中的"数学活动经验"进行分析，获得数学活动经验内容中的过程目标的呈现现状。

（1）呈现量的分析

①呈现总量的分析如下。

据表 5-4 可知：基本活动经验内容下，关于过程目标的呈现，"经历"呈现最多，有 220 次，占总量 50.2%；"体验"呈现量其次，有 194 次，占总

---

❶ 中华人民共和国教育部制定. 义务教育数学课程标准（2011 年版）[S]. 北京：北京师范大学出版社，2012：5.

量的44.3%；"探索"呈现量最少，只有24次，仅占5.5%。即北师版小学数学教科书倾向引导师生在"经历（感受、尝试）"和"体验（体会）"中积淀行为操作经验和思维的经验。

表5-4 基本活动经验内容下的过程目标的整体分布

目标等级	经历	体验	探索	总量
数量	220	194	24	438
百分比	50.2%	44.3%	5.5%	100%

②学年段的呈现量的分析如下。

统计可得：就数学活动经验呈现均量而言，每册教科书平均呈现73次。具体到各册的呈现量，三个年级（一年级、三年级和五年级）（见表5-5）的呈现量达到均值以上，其中一年级的呈现量最多，共90次，六年级呈现量最少，仅有52次。大致呈波动下降的态势。

北师版小学数学教科书中，基本活动经验所指向的过程目标在学年段的分布上存在波动，但微显规律：多"体验"和"经历"，少或无"探索"。具体的，首先，多册教科书侧重"经历"呈现，重视行为操作经验的"经历"或"感受"或"尝试"，主要包括二年级、三年级、四年级和六年级，其中三年级的呈现最多。其次，一年级侧重"体验"和"探索"，关注思维经验的"体验""体会"和复合经验的"探索"。

可见，北师版小学数学各年级教科书中，不同活动经验所对应的过程目标的不同层级的呈现数量参差不齐。总体而言，行为操作经验和思维经验对应的"经历（感受、尝试）"和"体验（体会）"的呈现相对较多。

表5-5 基本活动经验内容下的过程目标的年级分布

年级	经历	体验	探索	总量	均值
一年级	35	45	10	90	73
二年级	32	25	8	65	
三年级	48	33	3	84	
四年级	41	31	0	72	
五年级	33	40	2	75	
六年级	31	20	1	52	

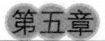

③内容领域的呈现量的分析如下。

统计可得：就均量而言，每个内容领域平均呈现109.5次。具体到各内容领域，数与代数领域和图形与几何领域的呈现量达到均值以上。其中，数与代数领域的呈现量最多，共253次，约是均值的1.5倍；综合与实践领域和统计与概率领域的呈现量较少，仅有38次和15次，远远少于均值（见表5-6）。各领域中，不同层级的过程目标的呈现量存在显著差异。

表5-6 基本活动经验内容下的过程目标的内容领域分布

内容领域	经历	体验	探索	总量	均值
数与代数	74	172	7	253	
图形与几何	109	15	8	132	109.5
统计与概率	14	1	0	15	
综合与实践	22	6	10	38	

北师版小学数学教科书中，基本活动经验所对应的过程目标的呈现，在内容领域的分布上存在明显差异。具体的，数与代数领域侧重"体验"，其呈现量占总量的68%，比较关注在"体验"或"体会"中积淀思维经验。相比之下，"探索"的呈现量最少，不足10次，相对忽视"探索"，不利于复合经验的积淀。图形与几何领域侧重"经历"，其呈现量占总量的82.6%，指向行为操作经验的积淀，Ⅴ级（探索）呈现量不甚理想。统计与概率领域和综合与实践领域均侧重"经历"，其呈现量分别占总量的93.3%和57.9%，更注重行为操作经验的渗透。值得注意的是，综合与实践领域中，"探索"的呈现量很可观，占总量的26.3%，是四个领域中最重视"探索"的。这和综合与实践领域的属性相一致。可见，北师版小学数学教科书中，不同内容领域的基本活动经验及其所对应的过程目标落实各有侧重。

（2）呈现效果分析

为更好地量化统计，现对"经历（感受、尝试）""体验（体会）""探索"赋值1、2、3，进而获得基本活动经验中的过程目标的呈现效果。

①整体呈现效果的分析如下。

据表5-7，均值为1.55分、标准差为1.736。可见，基本活动经验内容中，所对应的过程目标呈现效果一般（介于"经历"与"体验"之间，属中下等水平），且各层级的呈现较分散。

表 5-7　基本活动经验内容下过程目标呈现效果的整体情况

数量（次数）	总分	均值	标准差
438	680	1.55	1.736

②学年段的呈现效果的分析如下。

据表 5-8，就数量和总分而言，一年级呈现量最多（90 次），总分也最高（155 分），效果相对最好；六年级呈现量最少（52 次），得分也最少（74 分），总体呈现效果最差。就均分和标准差而言，一年级的均分最高，达 1.72 分，但标准差相对最低（SD＝1.644），即平均效果较好，且相对集中于某一个层级的呈现；四年级和六年级的均分最低，仅 1.43 分，标准差均在 1.7 以上，即平均效果较差，且呈现层级分布相对较分散。可见，北师版小学各年级的数学教科书中，基本活动经验所指向的过程目标的呈现效果参差不齐。

表 5-8　基本活动经验内容下的过程目标呈现效果的学年段分布

年级	数量（次数）	总分	均值	标准差
一年级	90	155	1.72	1.644
二年级	65	106	1.63	1.812
三年级	84	123	1.46	1.792
四年级	72	103	1.43	1.752
五年级	75	119	1.59	1.588
六年级	52	74	1.43	1.718

③内容领域的呈现效果的分析如下。

据表 5-9，就数量和总分而言，数与代数领域的呈现量最多（253 次），总分也最高（439 分），总体呈现效果最好；统计与概率领域的呈现量最少（15 次），得分也最少（16 分），总体呈现效果最差。就均分和标准差而言，数与代数领域的均分依旧最高，达 1.74，标准差也相对较高（SD＝1.579），即平均效果较好，但层级分布较分散；综合与实践领域的均分也较高，仅次于数与代数领域，为 1.68 分，但标准差最大，为 2.075，亦即呈现效果虽好，但分布很分散；统计与概率领域的均分最少，仅 1.07 分，且标准差最低（SD＝1.125），即呈现效果差，且层级分布较集中。可见，北师版小学数学教科书中,各内容领域的基本活动经验所指向的过程目标的呈现效果存在显著差异。

表 5-9 基本活动经验内容下过程目标呈现效果的内容领域分布

内容领域	数量（次数）	总分	均值	标准差
数与代数	253	439	1.74	1.579
图形与几何	132	163	1.23	1.464
统计与概率	15	16	1.07	1.125
综合与实践	38	64	1.68	2.075

（3）呈现的相关性分析

相关性分析,是研究两个或两个以上处于同等地位的随机变量间的相关关系的统计方法。基本活动经验内容中,过程目标呈现的相关分析,主要包括年级相关分析和领域相关分析。所谓年级相关分析,是研究六个年级中,过程目标的呈现的相关关系。所谓内容领域的相关分析,是研究数学教科书中的四个不同内容领域中,过程目标呈现的相关关系。利用SPSS22.0进行数据处理。

①各册教科书呈现的相关性分析。

据表5-10,通过对过程目标呈现的年级相关性分析可知,对于过程目标的呈现,一年级与二年级、四年级、六年级之间存在正相关（相关系数可见下表）；一年级与五年级、二年级与四年级、三年级与四年级和六年级、四年级与六年级、五年级与六年级之间存在显著的正相关,相关系数如表5-13所示。其中,一年级与五年级的显著性最高。可见只有一年级与三年级、三年级与五年级中的过程目标呈现不相关,其他年级关于过程目标的呈现均有一定的一致性。总之,统计学意义表明,各年级教科书在基本活动经验的呈现时,对过程目标的要求既有保持一致的,也有无关联的。

表 5-10 各册教科书呈现的相关系数

年级	一年级	二年级	三年级	四年级	五年级	六年级
一年级	1	0.871*	0.621	0.790*	0.972**	0.841*
二年级	—	1	0.814*	0.923**	0.845*	0.937*
三年级	—	—	1	0.935**	0.686	0.848**

续表

年级	一年级	二年级	三年级	四年级	五年级	六年级
四年级	—	—	—	1	0.848*	0.971**
五年级	—	—	—	—	—	0.889**
六年级	—	—	—	—	—	1

* 在 0.05 水平（双侧）上显著相关。

** 在 0.01 水平（双侧）上显著相关。

②各内容领域呈现的相关性分析。

据表5-11，各内容领域均不存在相关性。即统计学意义表明，在四个内容领域中，基本活动经验所指向的过程目标在呈现层级上无关联性。事实上，不同领域的数学内容具有自身的特殊性，并非适合所有活动经验的渗透与培养，与之对应的过程目标落实也有所差异，有所侧重也在情理之中。但是，即使四个领域各成体系，也理应存在某些共性。这似乎也可说明，北师版小学数学教科书的基本活动经验及其过程目标并非刻意为之，而是随意性较大。

表 5-11 各内容领域呈现的相关系数

内容领域	数与代数	图形与几何	统计与概率	综合与实践
数与代数	1	0.103	0.052	−0.017
图形与几何	—	1	0.464	0.449
统计与概率	—	—	1	0.692
综合与实践	—	—	—	1

5. 结论与讨论

基本活动经验，不仅是义务教育阶段数学课程目标之一，更是落实过程目标的重要载体。

（1）北师版小学数学教科书有意呈现基本活动经验，有效物化"过程目标"值得肯定；但随意性强，有待科学设计、理性落实。

研究表明，北师版小学数学教科书共呈现基本活动经验438次，平均每册36.5次，呈现量可观；即所呈现的基本活动均指向过程目标，且一定程度上较注重高层级的过程目标地渗透。可见北师版小学数学教科书的修订的确关注了《数学课标 11 版》提出的"基本活动经验",并有效落实了过程目标,值得肯定。但是,复合经验及其所指向的"探索"目标呈现量少,各册教科书中各呈现层级及数量参差不齐,各内容领域中各呈现层级的耦合性不理想等。原因似乎在于北师版小学数学教科书的修订是依据《数学课标 11 版》对 2001 年版的教科书进行的"小修小补"(而不是严格按照《课程标准 11 版》进行的系统整体设计),其基本活动经验及其对应的过程目标的呈现只是顺应数学知识的内在要求而编排,随意性强,缺乏科学设计与理性落实。

(2)建议增加复合经验的呈现,以促进"探索"目标的落实。

研究表明,北师版小学数学教科书中,复合经验仅呈现了 24 次,呈现量较小,其所对应的过程目标也相应较少。当下及未来社会是信息化的时代,生存及发展所面临的问题早已不再是答案单一且可预见的问题,更多是综合性的复杂问题,对未来人才的素质要求则更全面、更综合。"探索"目标及其所指向的复合经验正好有利于未来人才的形成与发展。因此,建议北师版小学数学教科书增加复合经验的呈现量,以促进"探索"目标的落实。

(3)建议基本活动经验及其对应的过程目标的年级呈现实现数量与等级的平行上升;同时,权衡各内容领域的自身独特性与内在一致性,确保基本活动经验的阶段性与适切性。

首先,建议各册教科书尽量使基本活动经验呈现的数量与等级平行式上升。亦即各册教科书呈现的基本活动经验,其数量可在保证基础量的基础之上依课程内容适当调整,其等级在每册教科书中尽量均匀,都有所涉及,并且随着年级的增加,高级经验的呈现比例要适当增加。如此才能保证相对应的过程目标落实的连续性与发展性。其次,建议权衡数学教科书各内容领域的自身独特性与内在一致性,保证基本活动经验的呈现,既契合不同内容领域的自身属性,也考虑各内容领域间的内在关联,防止基本活动经验及其对应的过程目标的呈现与落实成分散的点状,适切性高但缺乏内在逻辑。

需指出的是,数学基本活动经验按其抽象程度与思维层次的差异,分为 3 个等级,与之对应的过程目标也有三个层级。基于"理"(素养性人才的特征)而言,高等级经验优于低等级经验,高层级的过程目标优于低层级的过程目标,侧重高等级经验及其对应的过程目标的呈现是科学的。但于"情"(基础教育的特征)来说,需在保证各等级经验均衡发展的基础上发展高等级经验，同样地，需要保证"经历（感受、尝试）""体验（体会）""探索"的逐级发展。

（二）数学价值观的案例分析[1]

"数学是打开科学大门的钥匙，是科学的语言，是思维的工具，是理性的艺术，是工程技术的基础，数学可以促进人类思想解放"[2]。知识经济时代，数学已逐步从幕后走到台前，对人们的生产生活、社会经济、管理、科技等领域的发展直接发挥作用。对数学价值的认同与信奉，是"人人都能获得良好的数学教育"的情感前提，也是"不同的人在数学上得到不同的发展"的认知基础。

1. 数学价值观的内涵及其结构

价值观是什么？克拉克洪（Kluckhohn）认为"是个人或群体在态度、动机、行为本质等方面流行的习惯或传统的特征，影响人们对行为方式、手段和目的的选择"[3]。罗克奇（Rokeach）认为"是一种具有动机功能的持久信念，一种具体的行为方式或终极存在状态，对个人及社会的行动、态度起到评价性、禁止性和规范性的指导作用"[4]。莫尼卡·泰勒认为"是对人们的行为提供普遍指导，并作为制定决策或对信念、行动进行评价的参照点，是使人据此采取行动的原则、基本信念、理想、标准和生活态度"[5]。黄希庭认为"是人们区分好坏、美丑、损益、正确与错误、符合或违背自己意愿等的标准并指导行为的心理倾向系统"[6]。朱智贤认为"是推动并指引一个人在社会生活中做出决定和采取行动的原则、信念和标准，是一个人思想意识的核心"[7]。《辞海》定义价值观"是关于价值的一定信念、倾向、主张和

---

[1] 赵娜，孔凡哲. 数学教科书渗透数学价值观的定量研究[J]. 上海教育科研，2019（4）：58-62.

[2] 邓东皋，孙小礼，张祖贵. 数学与文化[M]. 北京：北京大学出版社，1990：199-212.

[3] Kluckhohn, "Values and Value-Orientations in the Theory of Action," *in Towards a General Theory of Action*, ed. T. Parsons and E. Shils (Cambridge: Harvard University Press, 1951): 388-433.

[4] Wilson, Marc Stewart, *Values and Political Ideology: Rokeach's Two-Value Model in a Proportional RepresentationEnvironment*, New Zealand Journal of Psychology, Nov, 2004.

[5] 莫尼卡·泰勒. 价值观教育与教育中的价值观（上）[J]. 教育研究，2003，5.

[6] 黄希庭，张进辅，李红，等. 当代中国青年价值观与教育[M]. 成都：四川教育出版社，1994：227.

[7] 朱智贤. 《心理学大词典》[M]. 北京：北京师范大学出版社，1989：334.

态度的系统观点，起着行为取向、评价标准、评价原则和尺度的作用"❶。综上，尽管表述有所差异，但中西方对于价值观的内涵认识基本一致。所谓价值观，必然包含两个核心要点：第一，价值观是一种持久的心理或行为状态，克拉克洪的"习惯"、罗克奇的"持久信念""行为方式或终极存在状态"、莫尼卡·泰勒的"态度"、黄希庭的"心理倾向系统"、朱智贤的"思想意识"、《辞海》的"系统观点"，本质上都指向价值观是作为一种持久心理或行为状态的存在；第二，价值观必须具有指导作用，无论是克拉克洪的"影响性"、莫尼卡·泰勒的"参照点"、黄希庭的"区分"作用，还是朱智贤的"推动并指引"、《辞海》的"行为取向、评价标准、评价原则和尺度的作用"，本质上都在强调价值观的指导作用。但这些表述似乎只是就现实形态与功能作用的外围属性将价值观定义为一种外显或内隐的、具有指导作用的行为或心理状态。

价值观，通俗解释就是关于价值的观念。袁贵仁从马克思主义哲学立场将价值观定义为"关于客观对象的作用、意义，亦即关于客观对象的价值的总观点、总看法"❷。这种解读直观地就"是什么"揭示了其作为"一种观点或看法"的属性。因此，价值观是关于某类事物的意义或价值的观点或看法。它是个体在一定的社会环境及社会活动中后天形成的，并对人的活动具有一定指导作用，影响和制约着人们"做什么"和"怎么做"。也就是说，价值观是后天形成的，即价值观是可教的。

数学的价值是多维的、全向的。数学价值观是什么？喻平认为"数学价值观是人们对数学价值的认同和信奉"❸。黄秦安认为"数学价值观是在一定数学本质观念的基础上，对数学在科学、文化、社会等方面具有价值的判断和认识"❹。梁好翠认为"数学价值观是人们的需要与数学价值之间的关系，是对数学价值的认识"❺，李启培认为"数学价值观是人们对数学学习和

---

❶ 夏征农．辞海（1999年版缩印本）[M]．上海：上海辞书出版社，2002：787.
❷ 袁贵仁．价值观若干问题的思考[M]．北京：北京师范大学出版社，2006.
❸ 喻平．论内隐性数学课程资源[J]．中国教育学刊，2013（7）：60.
❹ 黄秦安．数学教师的数学观与数学教育观[J]．数学教育学报，2004（11）：24-27.
❺ 梁好翠．中学生数学价值观发展的研究[J]．武汉教育学院报，2001（3）：72-73.

数学活动以及数学科学本身的价值的总的看法"❶。学术界对于数学价值观内涵的认识基本一致：从哲学立场将数学价值观解读为人们关于数学的意义或价值的观点。这里的数学意义或价值是作为主客体关系互动的一种存在。

数学价值观是对数学在主客体的需求关系中的意义与价值的认识。也就是说，数学价值观是人们<u>在进行数学活动的过程中</u>逐步形成的对数学的倾向性看法。这种倾向性看法的出发点不同，必然导致数学价值观结构的不同。从数学活动领域出发，可以分为政治价值、经济价值、文化价值、科学价值、生活价值、宗教价值；从需求主体层次出发，可以分为个人价值、群体价值、民族价值、社会价值和人类价值；从哲学方法论出发，可以分为功利价值、审美价值、道德价值、真理价值、学术价值❷；从应用范围出发，梁好翠将并将其分为数学实践价值、数学认识价值、数学德育价值以及数学美育价值❸，李启培基本同意梁的观点，将数学实践价值和数学认识价值合并为数学实用价值观，与德育价值观和审美价值观并列为数学价值结构❹。任何一种分类都具有合理性。但基于宏观的价值理论的分类，于数学教育而言，过于笼统而不具有针对性。

《数学课标11版》描述"数学是研究数量关系和空间形式的科学"，认为"数学与人类发展和社会进步息息相关"，"广泛应用于社会生产和日常生活的各个方面"，同时，"数学作为对于客观现象抽象概括而逐渐形成的科学语言与工具，不仅是自然科学和技术科学的基础，而且在人文科学与社会科学中发挥着越来越大的作用"。可见数学课程中的数学价值观，是一种个人价值观，强调个体对数学自身以及数学活动蕴含价值的认识，反映个体需要与数学价值之间的互动关系。具体地，学生个体应通过数学课程理解数学的实践价值、认知价值、美育价值和德育价值（见表5-12）。

实践价值是指数学科学在社会生产和日常生活中的意义与作用，包括数学知识的应用和数学语言的应用。数学作为一种"科学语言与工具"，数学

---

❶ 李启培. 高职生数学价值观现状的调查与分析［J］. 天津职业院校联合报，2011（8）：103-104.
❷ 肖乐乐. 高中学生数学价值观现状调查与探究［D］. 武汉：华中师范大学，2014.
❸ 梁好翠. 中学生数学价值观发展的研究［J］. 武汉教育学院报，2001（3）：72-73.
❹ 李启培. 高职生数学价值观现状的调查与分析［J］. 天津职业院校联合报，2011（8）：103-104.

知识（包括知识、技能和模型等）与数学语言（包括文字、符号和图表）在科学技术、生产生活等诸多问题解决与话语交流中发挥着至关重要的作用。

认知价值是指数学科学在发展人的认知能力方面的意义与作用，包括数学思维方法的影响和数学精神品质的影响。数学对人类发展与社会进步的影响，主要依赖于数学科学对人的思维与品质的影响。数学作为一种"研究数量关系与空间关系的科学"，一方面，积淀了科学的数学思想、数学方法，其内化过程促进人的智力发展；另一方面，积淀了数学理性思维和创新精神，其严谨性、逻辑性和客观性的本质有助于形成规范的行为和科学的世界观。

表 5-12 数学价值观的结构及其内涵

结构	具体内涵
实践价值	数学知识、语言、符号、公式、图形等在社会生产和日常生活的应用价值
认知价值	数学经验、数学思想方法以及数学的严谨性、逻辑性、客观性在形成理性思维和科学世界观的应用价值
美育价值	通过感知、欣赏数学的美而形成审美意识和审美能力的应用价值
德育价值	通过数学的求真求实而形成优良个性品质的应用价值

数学科学对自然科学与技术科学发展的意义与作用多体现为实践价值与认知价值。它们可以拓宽知识、加深认知，进而影响行动，提升人的实践力，锻炼人的认知力，提高人的能力。

美育价值是指数学学科在发展人的审美素养方面的意义与作用。数学的美分为形式美与实质美。所谓形式美，是指图形的对称美、公式的简洁美等。所谓实质美，是指数学知识结构的对称美、数学思维方式的奇妙美、数学思想方法的创新美等。形式美有助于人通过感知、体验、欣赏来提高其审美意识。实质美有助于人通过思考来提高其审美能力。

德育价值是指数学学科在思想道德教育和个性心理品质方面的意义与作用，突出表现为思想道德影响和个性品质影响两个方面。思想道德影响主要是指通过数学课程影响人的"求真求实"、诚实守信等道德观念。个性品质的隐性主要是指通过数学课程影响人的理性思维习惯、独立思考、刻苦钻研、勇于创新等优良品质。

数学科学对人文科学与社会科学发展的意义与作用多体现为美育价值与

道德价值。它们可以陶冶情操、开阔思维，进而激发兴趣，充实人的精神，净化人的心灵，提高人的素质。

2. 数学价值观的培养路径

数学价值观作为价值观的一种，首先遵循价值观形成的基本路径。数学价值观的形成是人们在漫长的数学学习过程中积累的一种价值取向，是对数学价值不断进行实践、反思的过程，是价值理性与实践检验的统一过程。作为教育目标的价值观，隶属于布鲁姆教育目标类别中的情意目标领域。布鲁姆认为人类的不同情感行为之间可以进行联系和排列，并且是按照一种层次顺序组织构造起来的：即每一种行为类别都是达到其下属一个类别的行为的先决条件。他将情意领域目标排列成一个连续体。在这个连续过程中，情感成分从察觉开始，经过不断内化和发展，最后达到对个人行为的控制，这个过程包括接受（注意）、反应、估价、组织、性格化五个递进的方面。与《数学课标11版》的规定一致。价值观的形成需要"经历""体验""探索"，只有在过程中积淀的数学价值观，才是一种被学生"性格化"的价值观。

数学价值观专门化的课程与教学相对容易，课程安排与教学进程都可以按照布鲁姆的"接受、反应、估价、组织、性格化"五个行为动作，以某一个主题进行即可。但价值观作为学科课程的"附属"内容，不可能像专门教育那样，针对一个主题展开不间断的课程呈现与教学落实。数学价值的教科书呈现与教学落实的最大困难，是如何在不影响数学成长的基础上有效呈现与落实，以及如何在课程教学的呈现与落实中确保其完成"性格化"。"过程目标"的提出很好地解决了这一问题。

3. 指向过程目标的数学价值观

数学价值观的教科书呈现，不应该直接呈现数学价值的内容，而是提供学生形成数学价值的机会，让学生借助教科书所提供的机会完成感受、认同和内化的过程，从而获得性格化的数学价值观。过程目标的三个层次，经历（感受、尝试）、体验（体会）、探索，正好是数学价值观感受、认同、内化所对应需要的过程。

对北师版小学数学教科书中关于数学价值观的相关内容进行分析发现，北师版小学数学教科书中的数学价值观内容，主要分为两大类：一类是直接的话语陈述，主要出现于各册教科书的扉页；一类是数学情境，主要出现于教科书正文。鉴于数学学科的特征，依附于数学题目的情境，是数学价

第五章 小学数学过程目标在教科书中的呈现

值观在数学教科书中呈现的最佳途径。

具体地，教科书中存在无数学价值观的内容。此类内容主要指不承载数学价值观的内容。这样内容包括两种：一种是卡通生活情境内容；另一种是"假性"生活情境内容。此类内容虽然在某种程度上强调"数学有用"，但这种"不符合现实生活"的"有用"，本质上无法真正向学生渗透数学价值观，反而会有阻碍学生树立正确价值观的嫌疑。如北师版六年级上册第七题所示就是一种"假性"生活情景。之所以称为"假性"生活情景，是因为现实生活中不会有容量为"3/5L"饮料以及容量"1/5L"的杯子。这样的情境内容无法承载数学价值观，学生不会因为此情景是日常"做客"内容而觉得"数学有用"，反而会引起学生的反感，形成"数学是编的"的价值观认知。

指向"经历（感受、尝试）"的数学价值观内容。此类内容旨在让学生"经历"或"感受"或"尝试"，同时，学生能形成"数学有用"的感性认识。如五年级上册第55页的内容与五年级下册第72页的内容，都采用了真实的"生活情境"——花圃和高铁，但两个内容并没有明确的问题驱动，是一种刻板的生活情景。学生借此只能"感受"到"数学有用"，获得"数学似乎有用"的感性认识。

指向"体验（体会）"的数学价值观内容。此类内容旨在让学生"体验"或"体会"，同时，学生能形成"数学有用"的经验。如一年级上册第91页的内容，是一种用数学完成的"游戏"，学生通过"体验"游戏，同时获得了"数学有用"的较为理性的认识，但还不属于理性经验，因为还没有完全实现价值观内化。

指向"探索"的数学价值观内容。如六年级下册第51页的内容，利用所学知识，为生活了6年的母校亲手制作一幅平面图，以学生熟悉的校园为基础，结合六年级即将毕业的实际情境，既高度符合生活，又提供了学生探索"如何运用数学解决问题"的机会，可以完成价值观的性格化。

4. 数学价值观内容下的过程目标分析

以"经历（感受、尝试）""体验（体会）""探索"为分析指标，对北师版小学数学教科书中的"数学价值观"进行分析，获得数学价值观内容中的过程目标的呈现现状。

（1）数学价值观的类别分析

据表5-13可知：北师版小学数学教科书中，数学的实践价值呈现最多，共 2147 次，占呈现总量的 95.3%；数学审美价值的呈现量其次，共 83 次；数学的认知价值和道德价值的呈现量均很少，只有 14 次和 10 次。而需要特别指出的是，数学审美价值集中呈现在图形与几何领域。

可见，北师版小学数学教科书中，数学价值观侧重于数学实践价值渗透，即通过北师版小学数学教科书的使用，让学生明白数学"广泛应用于社会生产和日常生活的各个方面"，而对于数学在认知层面、审美层面和道德层面的价值有些忽略。

表 5-13　数学价值观内容的类别分布

数学价值观类别	实践类	认知类	审美类	道德类
数量/次	2147	14	83	10

（2）呈现量的分析

①呈现总量分析。

据表 5-14 可知：数学价值观内容下关于过程目标的呈现，"体验（体会）"呈现最多，共 1607 次，占总量的 71.3%；"经历（感受、尝试）"和"探索"呈现均很少，且远少于"体验（体会）"，仅有 434 次和 213 次，分别占总量的 19.3% 和 9.4%。即北师版教科书中，数学价值观的呈现倾向于借助真实生活情境体现数学价值，让学生认识数学价值，实现理性认同。相比较"经历"的刻板说教，"体验"呈现更为有效。但"探索"呈现的缺失，使数学价值观的形成仅仅停留在反应水平，而无法上升为领悟水平，亦即教科书仅为学生提供了少量实践数学的生活化活动来帮助学生完成内化，略显不足。综上，北师版小学数学教科书中，数学价值观的呈现多为反映水平（"体验"层次），缺少领悟水平（"探索"层次）。

表 5-14　数学价值观内容下的过程目标的整体分布

过程目标	经历	体验	探索	总量
数量/次	434	1607	213	2254
百分比/%	19.3	71.3	9.4	100

②学年段的呈现量分析。

统计可得：就均量而言，每个年级平均呈现约 375 次。具体到各年级的呈现，三年级、五年级和六年级的呈现量超过均值，分别为 406 次、379 次和529次，其他年级的呈现量均低于均值水平（见表5-15）。年级呈现量的分布基本符合"年级越高，呈现越多"的趋势。

不同层级的过程目标在不同年级的分布上存在一定的同异性，具体而言，首先，六个年级的数学价值观呈现偏重"体验"，即北师版教科书中，数学价值观呈现偏重通过"体验"辅助学生达到认同水平。其次，四年级教科书中的"经历"呈现量最多，五年级和六年级的呈现量分别位居第三、第二。分析可知，四年级中，刻板的生活情境较多，侧重学生"感受"数学。这可能是因为高年级的知识技能逐渐增加，其巩固需要反复练习，教科书必须编制一些刻板的生活情景。最后，二年级和六年级"探索"呈现量较多，说明二年级和六年级为学生提供了较多的实践数学的真实生活活动，让学生亲自体验数学价值，从而达到数学价值观的内化。

北师版小学数学教科书中，数学价值观所指向的过程目标的年级分布相对均匀，且随着年龄的增加而不断上升。总体上，数学教科书侧重价值观认同水平的达成，但其分布存在一定的年级差异性。

表5-15 数学价值观内容下的过程目标的年级分布

年级	经历	体验	探索	总量	均值
一年级	52	156	38	246	
二年级	57	257	51	365	
三年级	55	329	22	406	375.7
四年级	93	214	22	339	
五年级	88	261	30	379	
六年级	89	390	50	529	

③内容领域的呈现量分析。

"无领域"，是指数学价值观的呈现没有依附数学四大领域，是一种单纯的数学价值表达。如下分析不考虑"无领域"这一维度。

统计可得：就均量而言，每个内容领域平均呈现约552次。具体到各内容领域，数与代数领域和图形与几何领域的呈现量达到均值以上。其中，数与代数领域的呈现量最多，有1413次，接近均值的3倍；统计与概率领域和综合与实践领域的呈现量较少，仅有168次和62次，远远少于均值（见表5-16）。可见，各领域呈现量差异显著。

数学价值观内容中，过程目标不同层级在不同内容领域的分布存在一定的异同。具体的，四个内容领域中，"体验（体会）"呈现量最多，"探索"呈现量最少，但图形与几何领域和综合与实践领域的差异相对不显著。北师版小学数学教科书中，不同内容领域的数学价值观所指向的过程目标基本一致，但略有差异，这恰恰是教科书编写理念一脉贯之所致。

表 5-16 数学价值观内容下的过程目标的内容领域分布

内容领域	经历	体验	探索	总量	均值
无领域	26	20	0	46	
数与代数	272	1067	74	1413	
图形与几何	110	350	105	565	552
统计与概率	24	125	19	168	
综合与实践	2	45	15	62	

（3）呈现效果分析

为更好地量化统计，对"经历（感受、尝试）""体验（体会）""探索"分别赋值1、2、3，进而获得呈现效果。

①整体呈现效果分析如下。

据表 5-17 所示，呈现均值为 1.90 分、标准差为 1.024。数学价值观侧重于低层级过程目标的落实，效果较差（接近"经历"水平），且各等级呈现较分散。

表 5-17 数学价值观内容下的过程目标呈现效果的整体情况

数量（次数）	总分	均值	标准差
2259	4287	1.90	1.024

②学年段的呈现效果分析如下。

据表 5-18，就总分与均分而言，六个年级的均分集中于 1.7 至 2.0 之间，浮动于"体验（体会）"水平左右，效果一般。具体的，就总分而言，六年级总分最高（1019 分），总体效果相对最好；三年级位居第二，总分为 779 分，总体效果相对不错；一年级总分最少（478 分），总体呈现效果相对最差。就均分而言，二年级均分最高（1.98），单个呈现效果最好；一、三、六年级的均分也相对较高（1.94、1.92、1.92），个体呈现效果也不错；

四年级的均分最低，只有1.73，个体呈现效果相对较差。

就标准差而言，六个年级的标准差均比较高，集中于0.97至1.07，各年级中，数学价值观的等级分布较分散，多集中分布"体验（体会）"层级，"经历（感受、尝试）"和"探索"分布少。其中，四年级的离散程度最小。结合四年级层级分布数据可知，这种离散趋势得益于四年级中"经历（感受、尝试）"的呈现相对其他年级多，而非高层级呈现多。北师版小学数学教科书中，数学价值观及其对应的过程目标的年级呈现效果虽不尽相同，但均不理想，偏重于"体验"。

表5-18　数学价值观内容下的过程目标呈现效果的学年段分布

年级	数量（次数）	总分	均值	标准差
一年级	246	478	1.94	1.020
二年级	365	724	1.98	1.067
三年级	406	779	1.92	0.998
四年级	339	587	1.73	0.973
五年级	379	700	1.85	1.002
六年级	529	1019	1.92	1.009

③内容领域的呈现效果分析如下。

如下分析依旧不考虑"无领域"这一维度。

据表5-19，就数量和总分而言，数与代数领域呈现最多（1413次），总分也最高（2628分），总体呈现效果最好；综合与实践领域呈现最少（62次），得分也最少（137分），总体呈现效果最差。就均分而言，综合与实践领域均分最高，达2.20，其次是图形与几何领域，为1.99，呈现效果最好；数与代数领域均分最低，仅有1.86，呈现效果相对最差。可见就数量而言，数与代数领域的数学价值观呈现可观。但就效果而言，综合与实践领域和图形与几何领域效果更好。当然，这与义务教育阶段各领域所占比例不同有直接关系。不同内容领域中，数学价值观所对应的过程目标的层级分布存在显著差异。

就标准差而言，六个年级的标准差均比较高，集中于0.80至1.09。各领域中，数学价值观所对应的过程目标的层级分布较分散，多集中于"体验"层级。数与代数领域和统计与概率领域的标准差相对较小，层级分布较集中，但这种集中趋势并不明显。

表 5-19　数学价值观内容下过程目标呈现效果的内容领域分布

内容领域	数量（次数）	总分	均值	标准差
无领域	46	66	1.43	0.806
数与代数	1413	2628	1.86	0.990
图形与几何	565	1125	1.99	1.083
统计与概率	168	331	1.97	0.919
综合与实践	62	137	2.20	1.085

（4）呈现的相关性分析

数学价值观内容中，过程目标呈现的相关分析，同样包括年级相关分析和领域相关分析。

①各年级呈现的相关性分析。

据表 5-20，通过对数学价值观内容下过程目标呈现的年级相关性分析可知，对于过程目标的呈现，一年级与四年级、二年级与三年级、二年级与四年级、二年级与五年级、三年级与五年级、四年级与五年级的呈现在 0.05 水平（双侧）上存在显著正相关（$t=0.957^*/0.955^*/0.954^*/0.987^*/0.957^*/0.969^*$），三年级与六年级的呈现在 0.01 水平（双侧）上存在显著正相关，其余各年级的呈现不存在任何相关性。即一年级与四年级、二年级与三年级、二年级与四年级、二年级与五年级、三年级与五年级、四年级与五年级、三年级与六年级的过程目标呈现是存在一定的一致性的，而其余各年级的呈现是一种无关呈现。这种无规律相关似乎说明，北师版小学数学教科书中，数学价值观的呈现是北师版小学教科书"情境+问题串"基本呈现方式设计规定下的无意渗透，所指向的过程目标的编排并非统一规划、设计。

表 5-20　各年级呈现的相关系数

年级	一年级	二年级	三年级	四年级	五年级	六年级
一年级	1	0.887	0.715	0.957^*	0.873	0.642
二年级	—	1	0.955^*	0.954^*	0.987^*	0.921

续表

年级	一年级	二年级	三年级	四年级	五年级	六年级
三年级	—	—	1	0.857	0.957*	0.995**
四年级	—	—	—	1	0.969*	0.805
五年级	—	—	—	—	1	0.926
六年级	—	—	—	—	—	1

* 在 0.05 水平（双侧）上显著相关。

** 在 0.01 水平（双侧）上显著相关。

②各内容领域呈现的相关性分析。

据表 5-21，各内容领域中，数学价值观所对应的过程目标的呈现不存在相关性。即统计学意义表明，四个内容领域中，数学价值观所对应的过程目标的落实不存在关联性。事实上，不同领域的数学内容具有自身的特殊性，并非适合相同数学价值观的渗透与培养，其所对应的的过程目标也不尽相同，有所侧重是情理之中。但是，即使四个领域各成体系，也理应存在某些共性。过程目标在四大内容领域中的呈现，应该"求同存异"，既关注不同内容的特性，又要照顾数学内部的连贯性。

表 5-21 各内容领域呈现的相关系数

内容领域	数与代数	图形与几何	统计与概率	综合与实践
数与代数	1	0.924	0.676	0.750
图形与几何	—	1	0.367	0.555
统计与概率	—	—	1	0.914
综合与实践	—	—	—	1

5. 结论与讨论

第一，北师版小学数学教科书提供数学价值观的"体验"机会，向学生传达"数学源于生活且回归生活"的价值理念，值得肯定。

研究表明：北师版小学数学教科书关于价值观的渗透中，"经历""体验"和"探索"的过程目标均有所体现，其中"体验"呈现最多，共 1607 处。数学价值观及其对应的过程目标的呈现都相对可观。可见，北师版小学数学教科书的修订的确关注了《数学课标 11 版》提出的"数学与人类发展和社会进步息息相关""广泛应用于社会生产和日常生活的各个方面"的数学价值,并坚持"使学生体会数学与大自然及人类社会的密切联系"❶的编写目的,致力于落实数学价值观,同时侧重在"经历""体验""探索"中升华。

第二,北师版小学数学教科书中数学价值观的渗透缺乏系统科学的设计。

北师版小学数学教科书中数学价值观的呈现略显随意,缺乏理性思考与科学落实。这主要体现在:其一,侧重数学实践价值的渗透,有助于学生明白数学"广泛应用于社会生产和日常生活的各个方面",但忽略了数学的认知价值、审美价值和道德价值;其二,北师版小学数学教科书中更多的情景属于卡通和"假性"情景,无法承载数学价值观;其三,数学价值观的渗透,"经历""体验""探索"三个层级的过程目标都可助力,但北师版教科书更侧重"体验"的设计,缺乏"经历"和"探索"。这似乎说明,数学价值观的呈现是"情境+问题串"编写方式下的无意识结果,而非理性思考下的科学权衡。这是值得关注的情况。

第三,建议数学价值观渗透时要在不影响学科内部发展的基础上,遵循学生"感受、反应、实践、内化"的心理发展机制,合理安排"经历(感受、尝试)""体验(体会)""探索"的过程目标。

研究表明,北师版小学数学教科书中的价值观渗透,多指向性"体验"呈现,即单纯呈现真实生动的生活情景,缺少数学价值的直接说教,更缺少数学价值的实践机会。

数学价值观的养成不是一蹴而就的。它是学生在漫长的数学学习过程中,对数学价值不断进行感受、反应、实践、内化的过程。数学教科书应该不断给学生提供感受、反应和实践数学的内容。鉴于数学学科的特征,数学教科书渗透数学价值观最合适的途径,就是适时地选择和设计相关背景内容,包括数学在自然与社会中的应用情境,帮助学生"体会"数学在社会生活中的作用,激发学生的数学认同感,形成数学价值观。这正好解释了北师版小学数学教科书中多为"体验"呈现的现象。但数学教科书中仅仅呈现真

---

❶ 刘坚,孔企平,张丹. 义务教育教科书数学:一年级(上册、下册)、二年级(上册、下册)、三年级(上册、下册)、四年级(上册、下册)、五年级(上册、下册)、六年级(上册、下册)[M]. 北京:北京师范大学出版社,2013.

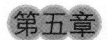

实生活情景，只能使学生的数学价值观达到反应水平，无法完成内化，加之缺乏必要的说教，也使数学价值观的培养过于隐蔽而导致学生无法意识到。

因此，建议北师版小学数学教科书在以下几个方面做出调整和改进：首先，减少卡通生活情景，避免"假性"生活情景，以确保有效数学价值观的呈现；其次，适当增加数学价值的直白表达，或陈述数学发展历史，帮助学生意识到数学价值；最后，增加实践数学的真实生活活动，学生只有直接参与活动，在"探索"中真实感受数学的作用，才能完成内化，形成数学价值观，否则，学生的价值观培养就只是理论层面的教条而无法彻底性格化。

第四，建议数学价值观及其相应的过程目标的呈现，既符合学生年龄特征，也契合数学内容特征。

首先，各年级教科书在数学价值观渗透上，应尽量权衡三个层级的过程目标的呈现比例，基本遵循逐级上升的原则，即越高层级，越多呈现，这样符合学生价值观形成的心理机制。

其次，各年级教科书对数学价值观所指向的过程目标的层级的设计，应特别考虑不同学年段的学生的心理发展水平和年龄特征。第一学年段，学生所感知的生活面较窄，情景的选择更需要从他们身边熟悉的、有趣的事物中选取，使他们"感受"到数学就在自己的身边，也易于他们"体会"数学的作用。同时，可以适当采用卡通形象设计真实生活情景，符合他们的认知，但数量要尽可能的少。第二学年段和第三学年段，学生的生活空间有了扩展，他们已经开始关注客观世界的诸多方面，逐渐关注自然、社会中更为广泛的现象和问题，情景的选择则可以来源于自然和社会中的内容，更现实、更具有挑战性的情景，给学生"探索"和实践的机会，会使学生强烈感受到数学的价值。

最后，建议权衡数学教科书各内容领域的自身独特性与内在一致性，保证数学价值观及其对应的过程目标的呈现，既契合不同内容领域的自身属性，也考虑各内容领域间的内在关联，防止其分布呈分散的点状，适切性高但缺乏内在逻辑，导致学生形成片面的、零散的数学价值观。

(三) 合作问题解决能力的案例分析

2011年，在伦敦召开的"关于合作解决问题的皮尔森专家组会议"

上，S. Greiff 提出"合作问题解决"评价设想❶（类似研究，如 Denis Hayes，1991❷）。2013 年，经济合作与发展组织（即 OECD）颁布《PISA2015 合作问题解决框架草案》，给出的 CPS 的评判指标体系和 CPS 测评等级标准，将"合作问题解决"（即 CPS）列为一种能力（素养）进行测评。CPS 理应成为小学数学课程的重要目标与必备内容，这是因为数学课程本身给予了 CPS 得以存在的条件和需求。首先，数学课程的某些内容适合承载 CPS，为其发展提供了最佳途径，例如"数据的搜集与整理"，要求学生分工合作，深入体会数据的意义；其次，数学学习的发展性需要 CPS，小学阶段会有一些探索性的数学活动，学生在没有掌握更为"高级"的数学工具之前，往往需要合作解决，例如，《数学课标 11 版》中的"包装盒中的数学：如何用一张矩形纸制作一个无盖的长方体盒子，以确保它的容积最大"❸。该数学问题的本质是一元三次函数最值问题，最简单有效的数学工具是"导数理论"，但对小学生而言，采取"两边夹"的数学逼近思想更适合，但其计算量大，必须依靠分组合作解决。

1. 合作问题解决能力的内涵与测评

OECD 在 PISA2015 中将 CPS 定位于：个体有效参与由两名或以上成员组成的团队，通过共享理解达成共识，寻求解决方案，汇集团队成员知识、技能和行动以解决问题的能力❹。OECD2003 年提出"问题解决的知识与技能"（即 Problem Solving Knowledge and Skills），2010 年提出"问题解决能力"（即 Problem Solving Competency，简称 PS），关注点最终落在 2015 年的"合作解决问题"（即 CPS），相应测评从侧重认知性素养，过渡为强调情感性素养，逐渐发展为以测评社会性素养为核心。亦即 CPS 立足个人问题解决素养、全程性的统筹团队智慧，通过理解、共享、情感管理，实现社会交互，强化合作认知。PISA 是一个国际性的学生评价项目，作为测评项的

---

❶ S Greiff. *Some thoughts on the assessment of Collaborative Problem Solving* ［A］. London：Pearson Expert Group Meeting on Collaborative Problem Solving, Rozhledy, 1964：693（Publication date：12-Dec-2011）.

❷ Denis Hayes. *Collaborative problem solving：Issues of social interaction and assessment* ［J］. Education 3-13. 1991, 19 (1)：23-28.（Publication date：30 Jul 2007）.

❸ 中华人民共和国教育部制定. 义务教育数学课程标准（2011 年版）［S］. 北京：北京师范大学出版社，2012：1, 9.

❹ OECD. *The PISA 2015 Draft Collaborative Problem Solving Framework* ［R］.

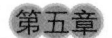

CPS，目的旨在立足于问题解决能力，全程施测合作能力。"CPS 是由合作技能和 PS 联合形成的宏观二维能力。其中，合作技能在 CPS 中起先导作用"❶。因此，"建立和维持共识、采取合适的行动解决问题以及建立和维持团队组织形式"是 CPS 的三大核心能力，PISA2015CPS 等级划分标准将这三种能力分别区分为低、中、高三种水平。CPS 测评重点关注"合作"是否发生及其效果如何，关注合作性社会素养。

2. 指向过程目标的合作问题解决能力

CPS 是问题解决能力与合作能力的综合体，是一种动态的过程性能力，需要在问题解决的全程中不断重复地建立和维持共识，并采取一系列协调行为，即问题解决者需全程与他人合作。合作的本质是关系的建立与维持，其途径为积极的对话，通过自我及与他人的交流、理解、反思，达成生成性与创造性的对话，促进互动发展。如果说 PISA2015 的 CPS 是能力评价指向，那么，教科书呈现中的 CPS 则是过程目标指向。这就要求 CPS 的课程呈现除了关注"CPS 是否生成"的结果，也重视"CPS 如何生成"的过程；除了关注 CPS 的整体机制，也重视 CPS 的具体行为。亦即基于"过程"的 CPS 呈现，既包括将综合性、过程性的 CPS 在一节课或一次数学活动（即问题情境）中加以体现，也包括将具体的某一个或几个能力在不同的课或活动中加以呈现。这与过程目标的"经历（感受、尝试）""体验（体会）""探索"三个层级相一致。

具体的分析范例如下：

"对口令，两人一组试一试……"，九九乘法口诀表是小学阶段的重要内容，与同伴"合作"对口令，只是一种简单的"一起感受"。

"活动任务：记录自己一周内每天上学所用时间……怎样完成这个任务，和同伴说说你的想法……"该表述根据学生熟悉的情境"上学"设计出"记录上学时间"，是"体验"简单的合作"统计数据"的过程；"比赛二：搭一搭。如图……搭这样的立体图形，最少需要几个小正方体？最多呢？请两队分别搭一搭，说一说。"两队之间比赛"搭图形"，是一种合作"体验"。

"数学游戏：谁得第一？""实践活动：……统计本班学生最喜欢的活动情

---

❶ 柏毅，林娉婷. 合作问题解决的概念建构——基于 PISA2015CPS 的研究 [J]. 外国中小学教育，2016（3）：52-56.

况……"都是真实问题下的合作"探索"。

3. 合作问题解决能力内容中的过程目标分析

以"经历（感受、尝试）""体验（体会）""探索"为分析指标，对北师版小学数学教科书中的"合作问题解决能力"进行分析，获得合作问题解决能力内容中的过程目标的呈现现状。

（1）呈现量分析

①呈现总量的分析如下。

据表5-22可知：在合作问题解决能力培养中，不同层级的过程目标均有呈现。具体而言，"探索"呈现数量最多，共242处，占总量的53.9%；"体验"呈现数量位居第二，共193处，占总量的43%；呈现数量最少的是"经历"，仅有14处。北师版小学数学教科书中，合作问题解决能力的培养，倾向于"探索"和"体验"。

表5-22　CPS内容下的过程目标的整体分布

呈现水平	经历	体验	探索	总量
呈现量	14	193	242	449
占总量的比例	3.1%	43.0%	53.9%	100%

②学年段的呈现量的分析如下。

统计可得：就均量而言，在每学年的教科书中，合作问题解决能力内容平均呈现74.83次（见表5-23）。具体到各册呈现总量，只有四年级和五年级的CPS呈现量达到均值以上，分别是101次和159次；一年级教科书的呈现量最少，仅有23次。可见，CPS的学年段呈现趋势成倒U型，五年级达到峰值。这说明北师版小学数学教科书从一年级开始就注重渗透CPS，并随着年级的增高不断加强渗透程度。六年级教科书中呈现量减少，似乎是由于六年级作为小学阶段的最后一个学年，重心放在学生独立地复习与巩固。北师版小学数学教科书中，合作问题解决能力所指向的过程目标的层级在学年段分布上存在细微差异，但规律明显：多"探索""体验（体会）"，少"经历（感受、尝试）"。具体的，一年级的"体验（体会）"多于"探索"，"经历（感受、尝试）"最少；二、三、四、五、六年级的"探索"多于"体验（体会）""经历（感受、尝试）"依旧最少。

表 5-23 CPS 内容下的过程目标的年级分布

年级	经历	体验	探索	总量	均值
一年级	1	12	10	23	
二年级	3	17	27	47	
三年级	3	23	26	52	74.83
四年级	1	44	56	101	
五年级	5	66	88	159	
六年级	1	31	35	67	

③内容领域的呈现量。

对北师版小学数学教科书中"数与代数""图形与几何""统计与概率""综合与实践"领域的 CPS 及其所指向的过程目标的呈现量进行统计分析，发现：

首先，就均量而言，每个内容领域平均呈现 112.25 次。具体到各内容领域，数与代数领域和图形与几何领域的呈现量达到均值以上。其中，数与代数领域的呈现量最多，有 235 次，占比为 52%，超过了四大内容领域呈现总数量的一半，约是均值的 2 倍；统计与概率领域和综合与实践领域的呈现量较少，仅有 52 次和 33 次，占比为 12% 和 7%，远远少于均值（见表 5-24）。其次，就绝对数量而言，各领域呈现量差异显著。但进一步分析四大领域中 CPS 呈现的相对数量可知，小学阶段，数与代数领域内容最多，而呈现 CPS 的内容仅占总体内容的 6% 左右，综合与实践领域的内容最少，而呈现 CPS 的内容占总体内容的 42% 左右，图形与几何领域中 CPS 的相对呈现比例为 10% 左右，统计与概率领域 CPS 的相对呈现比例为 15% 左右。可见，相较于数与代数领域、图形与几何领域、统计与概率领域，综合与实践领域中 CPS 的培养要求更甚。事实上，作为过程性内容的 CPS 侧重于依附其他课程内容达成培养之目的，而非内容本身。这或许可以解释不同内容领域中 CPS 呈现量存在差异的原因。尽管如此，不同领域内可以承载且应该承载 CPS 是无可否认的。这是因为，其一，"统计与概率"内容的操作性强，其学习需要且适合 CPS；其二，"数与代数"的"算法多样性"，以及数学建模等实践性强的内容，均有利于 CPS 呈现。

就不同领域而言，数与代数领域中，"体验（体会）"数量最多，共计

124处，占比为52.8%，其次是"探索"，共有99处，占比为42.1%，呈现数量最少的是"经历（感受、尝试）"，仅有12处；图形与几何领域中，"探索"数量最多，共计76处，占比为58.9%，其次是"体验（体会）"，呈现共有51处，占比为39.5%；统计与概率领域和综合与实践领域中，只呈现"体验（体会）"和"探索"，且"探索"多于"体验（体会）"。可见，四大领域中，合作问题解决中的过程目标的要求多指向"体验（体会）"和"探索"。同时，综合与实践领域中CPS所指向的过程目标的呈现具有"少而精"的特点。

表5-24 CPS内容下过程目标的内容领域分布

内容领域	经历	体验	探索	总量	均值
数与代数	12	124	99	235	
图形与几何	2	51	76	129	112.25
统计与概率	0	16	36	52	
综合与实践	0	2	31	33	

《数学课标11版》对综合与实践的教学建议为"教师在教学设计和实施时应特别关注的几个环节是：问题的选择，问题的展开过程，学生参与的方式，学生的合作交流，活动过程和结果的展示与评价等"，合作问题解决的一系列过程正好契合"探索"之内涵。北师版小学数学教科书十分重视《数学课标11版》的建议，专门设置了"数学好玩"这一版块，旨在落实合作问题解决，强调在"探索"中培养学生综合运用数学合作解决问题的能力。

无论是CPS呈现还是CPS所指向的过程目标的呈现，北师版小学数学教科书中四大内容领域的效果都很可观。但四大内容领域中CPS所指向的过程目标的层级却表现不一。这是由于四大内容领域自身内容的差异性和特殊性造成的，尤其是四大内容领域与CPS天然意念中的不契合性。课程设计者自以为的更适合简单"经历（感受、尝试）"或"体验（体会）"的"数与代数"和"图形与几何"，反而对"合作问题解决能力"的"探索"落实有较大空间，如，北师版小学数学教科书在案例34"测量一个土豆的体积"中都需要小组及小组成员积极"探索"，有助于更高水平的过程目标的落实。类似内容在图形与几何领域其实不少。

（2）呈现效果分析

为更好地量化统计，将"经历（感受、尝试）""体验（体会）""探索"三个层级赋值为 1、2、3，进而获得呈现效果。

①整体呈现效果。

据表 5-25，CPS 的呈现均值为 2.51 分、标准差为 1.256。可见，CPS 所指向的过程目标的呈现效果较好（接近 3 分），但各层级的呈现较分散，集中性差。

表 5-25 CPS 内容下过程目标呈现效果的整体情况

数量（次数）	总分	均值	标准差
449	1126	2.51	1.256

②学年段的呈现效果。

据表 5-26 可知，第一，六个年级的均分集中于 2 至 3，呈现效果良好。第二，就呈现数量和总分而言，五年级呈现最多（159 处），总分也最高（401 分），一年级呈现最少，仅 23 处，总分也最少（55 分）；就均分而言，四年级均分最高（2.54），二、五、六年级的均分也较为可观。可见，五年级呈现数量较多，且单个呈现效果也相对较好，六年级与二年级虽然呈现数量较少，但单个呈现效果却最好。第三，就标准差而言，除三年级以外的五个年级的平均数相差不大，其标准差均比较高，SD>1，说明各年级中，CPS 指向的过程目标的层级分布差异显著，"体验"和"探索"的分布数量较一致，与"经历"的分布数量有较大差异，但偏重高层次过程目标的呈现。

表 5-26 CPS 内容下过程目标呈现效果的年级分布

年级	数量	总分	均值	标准差
一年级	23	55	2.39	1.137
二年级	47	118	2.51	1.260
三年级	52	127	2.44	0.565
四年级	101	257	2.54	1.235
五年级	159	401	2.52	1.242
六年级	67	168	2.51	1.052

③内容领域的呈现效果。

据表 5-27 可知，就数量和总分而言，数与代数领域呈现量最多（235 处），总分也最高（557 分），总体呈现效果最好；综合与实践领域呈现量最少（33 次），得分也最少（97 分），总体呈现效果最差。就均分而言，综合与实践领域均分最高，达 2.94，呈现效果最好；其次是统计与概率领域，为 2.69；图形与几何领域位居第三，均分为 2.57；而数与代数领域均分最低，仅有 2.37，呈现效果最差。但都处于"中上等"层级水平。可见就数量而言，数与代数领域的 CPS 呈现可观，当然，这与义务教育阶段各领域所占比例不同有直接关系。而就效果而言，综合与实践领域和统计与概率领域所呈现的 CPS 所指向的过程目标的呈现效果更好。就标准差而言，六个年级的标准差均比较高，集中于 0.90 至 1.26，各领域的 CPS 对应的过程目标层级分布差异显著，多分布于"体验"和"探索"。

表 5-27　CPS 内容下过程目标呈现效果的内容领域分布

内容领域	数量（次数）	总分	均值	标准差
数与代数	235	557	2.37	1.245
图形与几何	129	332	2.57	1.259
统计与概率	52	140	2.69	1.109
综合与实践	33	97	2.94	0.977

（3）呈现相关性分析

指向合作问题解决能力的相关内容中，对过程目标呈现的相关分析，同样包括年级相关分析和领域相关分析。

①各年级呈现的相关性分析。

据表 5-28 可知，六个年级相互间均存在显著相关，且多为在 0.01 水平（双侧）上的显著相关。这似乎说明，北师版小学各年级数学教科书中，CPS 及其对应的过程目标的呈现效果具有较好的一致性。主要在于合作问题解决本质上多指向"体验"和"探索"，而教科书的呈现正好顺应其本质，多以"体验"和"探索"来锻炼学生合作问题解决能力。

表 5-28　各册呈现的相关系数

年级	一年级	二年级	三年级	四年级	五年级	六年级
一年级	1	0.884*	0.967**	0.954**	0.940**	0.975**
二年级	—	1	0.942**	0.974**	0.987**	0.962**
三年级	—	—	1	0.989**	0.983**	0.985**
四年级	—	—	—	1	0.997**	0.996**
五年级	—	—	—	—	1	0.990**
六年级	—	—	—	—	—	1

*　在 0.05 水平（双侧）上显著相关。

**　在 0.01 水平（双侧）上显著相关。

②各内容领域呈现的相关性分析。

据表 5-29 可知，数与代数领域和图形与几何领域、图形与几何领域和统计与概率领域、统计与概率领域和综合与实践领域的 CPS 呈现在 0.01 水平（双侧）上显著相关（$t=0.928^{**}/0.972^{**}/0.923^{**}$），数与代数领域和统计与概率领域的 CPS 呈现效果在 0.05 水平（双侧）上显著相关（$t=0.817^{*}$）。即统计学意义表明，数与代数、图形与几何、统计与概率三大领域的 CPS 及其过程目标的呈现具有较高一致性，统计与概率和综合与实践两大领域也具有一致性。

虽然不同领域的数学内容具有自身的特殊性，但四大领域同为数学学科的内部领域，必然存在某些共性。CPS 及其对应的过程目标的呈现存在一致性合情合理。这似乎说明，北师版小学数学教科书各内容领域均有意借助"合作问题解决"落实过程目标，而且，"合作问题解决"确实需要"体验（体会）"和"探索"。

表 5-29　各内容领域呈现的相关系数

内容领域	数与代数	图形与几何	统计与概率	综合与实践
数与代数	1	0.928**	0.817*	0.533
图形与几何	—	1	0.972**	0.807
统计与概率	—	—	1	0.923**
综合与实践	—	—	—	1

*　在 0.05 水平（双侧）上显著相关。

**　在 0.01 水平（双侧）上显著相关。

4. 结论与讨论

（1）北师版小学数学教科书中，"合作问题解决"内容侧重"体验（体会）"和"探索"层级的过程目标的落实

量化分析发现：北师版小学数学教科书中，CPS 呈现共 449 处，其中"探索"所占比例为 53.9%，"体验（体会）"所占比例为 43%。可见北师版小学数学教科书已在许多方面予以"合作问题解决"的呈现，而且在某些领域、内容中，对其有高层次的要求，尤其一些案例的编写，既体现了 CPS 要求，又完全适切所对应的过程目标，具有较好的呈现。

（2）建议北师版小学数学教科书权衡 CPS 内涵与过程目标层级的契合性以保证 CPS 的适切呈现

北师版小学数学教科书中，多呈现"体验（体会）"和"探索"层级的过程目标，对 CPS 培养的要求很高，但 CPS 及其对应的过程目标的呈现缺乏数学本质的思考。CPS 及其过程目标的落实，要在立足 CPS 自身规定性，立足于过程目标内在规定的基础上，同时权衡数学的学科属性。这是因为并非所有数学内容必须经过合作才能解决问题，同样，不是所有的问题解决都要达到较高层次的过程目标。就统计与概率领域、综合与实践领域而言，学生合作、经历过程、积淀经验，是相对合适的方式；但数与代数、图形与几何领域的内在逻辑，学生独立思考、感受体会、抽象内化，似乎更为恰当。讨论 CPS 及其过程目标的教科书呈现，不能片面强调数量与效果，更应理性权衡内容载体的教学内涵与数学学科属性。

（3）建议北师版数学教科书按学段与内容科学呈现 CPS 及其过程目标层级，以确保 CPS 的力度落实，同时与学生的心理发展和思维发展特点相结合

针对 CPS，北师版小学数学教科书实际上从学年段和内容领域方面给出了整体性的统筹，但就 CPS 对应的过程目标呈现来说，缺乏层次性和结构性。因此，按学段提出 CPS 所应该指向的过程目标的内涵、内容、教学与评价建议，其层次性更强；按内容领域提出 CPS 所应该指向的过程目标的教学和评价建议，更能兼顾数与代数领域、图形与几何领域、统计与概率领域、综合与实践领域的内容差异，其结构性更强。

四、小学数学过程目标教科书呈现的现实困境

(一) 数学课程标准的宏观指导,导致呈现缺乏操作性

《数学课标 11 版》是由教育部制定的关于义务教育阶段数学课程教学的指导性文件,它规定了数学课程性质、课程目标、课程内容及实施建议等相关内容。教科书是以课程标准等文件为指导和依据、由特定出版社出版、用于中小学教与学的文本式的参考凭证,特指学生用书。《数学课标 11 版》是对义务教育阶段的数学课程的宏观指导,数学教科书呈现的则是微观具体的数学课程。从课程标准到教科书的过程是将数学课程理念转化为数学课程实践的文本转化过程,它能够将课程标准中描述的宏伟蓝图转变成实实在在的"工程"❶。

教科书必须以课程标准为依据进行生成与建构。一方面,教科书的理念、目的、内容等不能违背课程标准的基本理念和要求;另一方面,也是最重要的一方面,教科书的内容编排必须符合课程标准中"课程目标""课程内容"的标准规定。但值得注意的是,《数学课标 11 版》是国家或教育研究者对课程最基本且最美好的"愿景",教科书中所呈现的内容只能尽最大的可能努力实现和回应课程标准中的要求。

课程标准是对课程的宏观规定,是一种理念与标准的规定,它的部分内容阐述相对比较抽象。例如"建立数感、符号意识和空间观念,初步形成几何直观和运算能力,发展形象思维与抽象思维""初步形成评价与反思的意识"❷ 等宏观要求,教科书呈现的是十以内数的认识、估算、数学运算等具体课程内容,将理念转化为教科书是一个复杂的过程,这个过程需要深入具体的解读,解读中可能会存在理解偏差或把握不准。进一步来说,教科书呈现内容及其数量等如何实现课程标准中的过程目标是需要理性思考和科学规划的。

(二) 教科书空间的限制,导致呈现无法实现资源化

教科书的空间有限,所以教科书要有效、简洁地呈现课程内容。教科书

---

❶ 王辉. 不同版本初中数学教科书与课程标准的一致性分析 [D]. 长春:东北师范大学,2007.
❷ 中华人民共和国教育部. 全日制义务教育数学课程标准(2011 年版)[S]. 北京:北京师范大学出版社,2011:9.

在呈现课程内容时只能简略呈现"过程",但"过程"的具体内涵要求及课程内容的相关资源等则需要教师或其他教育研究者进一步解读和开发。

教科书有效承载了课程内容。例如,北师版教科书中"平行四边形的面积"的教科书呈现:利用"铺草坪"的情境,以"问题串"的形式表述了"如何探索平行四边形的面积"的"过程":猜想如何求平行四边形的面积——借助方格纸验证猜想是否正确——运用割补法把平行四边形转化为长方形——探究平行四边形的计算公式。学生在探索平行四边形面积公式的过程中,需要经历猜想与验证的探究活动,体验数方格及割补法在探究中的应用,获得成功探索问题的体验,同时,要掌握平行四边形的面积计算公式并能够正确计算,更为重要的是要获得解决相关问题的相关经验,知识的、思维的、情感的等各种经验,学生在学习知识的过程中完成课程标准中的过程目标要求。

但教科书如此呈现是一种有限呈现。教师的具体教学开展还要进一步解读和开发教科书内容。例如,教师要思考每一个"过程环节"的核心问题,教师要创设适合自己学生的数学活动,教师要预设"过程"中的危机与困难,教师的开发等,都要符合课程标准中的相关要求。这对部分教师来说是十分困难的。如果教科书能实现资源化呈现,上述问题将迎刃而解。不同于包含文本资料、视频资料、声音资料及网络资料等多种资料的大容量的电子书包,教科书的空间有限性使其不能呈现丰富的课程资源,实现资源化。教科书可以呈现探究平行四边形面积的过程,或者角的大小比较的过程,但是教科书的呈现只是为教师提供一种简洁的教学过程,至于根据学生实际情况而开展的实际教学的开发与调整,确实是过程目标教学落实的关键与核心。这是过程目标教科书呈现的依凭,也是教学落实无抓手的直接根源。

(三)教科书文本属性的限制,导致呈现缺乏立体效用

教科书是一种文本资料。与电子书包相比,教科书的文本属性使其只能简单呈现过程。北师版六年级上册"圆的面积"中,教科书已相对成功地呈现了过程目标之一的"探索":以"如何得到一个圆的面积"为探索主题,设计了一系列问题:如何度量圆的面积?可以转化为学过的图形的面积问题吗?在什么条件下所拼出的近似平行四边形更接近平行四边形?圆的面积公式是什么?解决问题的过程就是探索的过程,也是落实过程目标的途径。

过程中核心问题之一的"化曲为直"是教科书呈现与教学落实的关键。但鉴于教科书的文本属性，无法更为详细地呈现，只是将 8 等分、16 等分以及 32 等分加以呈现。但实际教学如何？学生能不能想到"化曲为直"？会不会"化曲为直"？如果"不能""不会"，教师应该何去何从？教科书并不能给出详细回应。同样的，上文中的"平行四边形的面积"面临同样的弊端，教科书只能呈现"割补法"的简单步骤，但教师如何引导学生发现和利用"割补法"？如何让学生自觉产生割补意识？教科书中无法详细呈现。换句话说，教科书只能一维地呈现"过程"流程，但对于"过程"的具体内涵与要求、"过程"中的细节与方法等这些二维内容，甚至三维内容，教科书都无法给出具体指导和说明。这些都需要教师结合课程标准、以自我经验来深度挖掘。

教科书的文本属性会使其呈现缺乏立体效用。通常，教科书呈现只是一种简单的"过程"。此外，教科书的文本属性使其呈现是一种静态描述，无法动态演示。例如，圆的"化曲为直"，教科书只能通过语言描述"等分、等分、无限等分"的"化曲为直"的动态过程，学生无法对"圆"不断 n 等分或者平行四边形切割移动产生感官冲击。当然，这个"动态可以辅助"其他属性的资料，例如视频资料、声音资料，或者像电子书包、超级画板、几何画板等转化为动态过程。但对于"教学过程"的呈现呢？对于"过程"中的细节呢？或者有没有"其他"的"过程"的可能？这些都有待深入思考。

（四）教科书更新时间与效益的双重压力，导致呈现存在滞后性

随着时代变迁及教育发展，我国的课程标准会不断更新和完善，教科书呈现内容也会依据课程标准的要求进行进一步调整。但是课程改革是一个长期性的工程，从课程理念提出、落实，到课程标准的编制，再到教科书的编写、试用、推广，无不需要时间的积累。鉴于资金与时间考虑，任何一种新理念重新推翻之前教科书而重新编订，都显得"劳民伤财"。教科书的更新换代存在"时间长、收益低"的现实困境。教科书的更新换代是一个漫长且艰难的过程，需要投入大量的人力与物力，需要无数次的开发、试验、完善，才能投入市场。而且，每一阶段更新完成的教科书解决的多数是之前出现的问题，我们无法保证在教科书更新完善的过程中不会有新的情况或可能出现，所以教科书呈现相对于课程理念而言会相对滞后。同时，时代高速发

展迫使课程理念更新速度加快。而每个课程理念是否适合我国的教育发展实际也需要时间和精力去验证与考察，这样教科书才能进行更新修订。

鉴于课程改革周期长、教科书更新"耗时费力"的现实原因，教科书呈现具有滞后性。但基于现行教科书开发政策，灵活使用各版教科书是解决"呈现滞后"的一条可行路径。目前我国实行"一标多本"的教科书开发政策，即一个课程标准，多个版本的教科书。这样的政策切合我国的教育实际。现行的多个版本的教科书经过多次的修订已相对完善，不能全盘否定，当然也不能停滞不前。借助不同版本的教科书，既可以合理建构教学知识体系，也可以对各版教科书"取长补短"、综合运用，更有甚者，可以立足于新理念或新视角重新审视现有的教科书，在使用教科书的同时，发现不足，完善内容，进而更好地促进学生的发展。也就是说，以促进学生发展为目的，重新审视现有教科书，以评促发展、寻找不足、探寻可能，才是解决教科书更新周期间矛盾的合理之举。

五、小学数学过程目标教科书呈现的相关建议

（一）过程目标教科书呈现要坚持两个指导思想

一般而言，数学教科书设计必须明确指导思想。现行小学数学教科书编写应该落实《数学课标11版》所规定的基本理念等，同时也应该关照2016年颁布的《中国学生发展核心素养》所要求的"关键能力"和"必备品格"。为了在小学数学教科书中更好地呈现过程目标，应坚持以下两个指导思想。

1. 发挥过程目标对结果目标的强化价值

《数学课标11版》中明确规定了数学课程目标的四个维度，即知识技能、数学思考、问题解决和情感态度。其中，知识技能的掌握、数学思想与方法的获得、问题解决能力的发展与情感态度的培养需要结果目标与过程目标的共同作用。在达成结果目标的过程中，学生同时也在"经历（感受、尝试）""体验（体会）""探索"等特殊的数学活动。也就是说，数学课程中"结果目标"的达成，必然要借助"过程性"的环节，即数学知识、经验的形成是要有过程的，不是简单通过"教师告知学生"来实现的，结果目标落实的过程也在落实过程目标的过程。由此可以看出，过程目标蕴含在结果目

标之中，是达成结果目标的依托。

高效、适切的过程目标有利于促使学生深入的理解、灵活地应用数学知识与技能，完善了学生的认知结构；有利于引导学生主动参与、亲身实践、独立思考、合作探究，发展了学生的能力结构；有利于帮助学生获得积极的情感、健康的心理和正确的价值观。也就是说，过程目标对结果目标有强化作用。具体体现在以下三个方面。首先，过程目标催化了结果目标的生成。在充分预设结果目标的基础上，过程目标能积极引导学生主动参与数学活动过程，并根据学生在数学活动中的具体表现，及时调整结果目标，加强结果目标的适应性。其次，过程目标加强了结果目标的达成度。在开展"经历、体验、探索数学活动"的过程中，学生经历着数学知识的产生与发展的过程，并在数学活动中不断运用数学知识与技能，不断加深对知识的理解，加强结果目标的达成程度，促进结果目标的落实。最后，过程目标巩固了结果目标的作用。对过程目标的刻画，有利于更好地发挥结果目标引导、调控、激励与评价数学课程开发与实施的功能，规范师生的教学行为，突出结果目标在课程中的地位和价值。

2. 发挥过程目标对数学核心素养形成的作用

中国学生发展核心素养，缘起于2014年，教育部应十八大和十八届三中全会所提出的"落实立德树人"的要求，研制印发的《关于全面深化课程改革 落实立德树人根本任务的意见》，提出"教育部将组织研究提出各学段学生发展核心素养体系，明确学生应具备的适应终身发展和社会发展需要的必备品格和关键能力"。随后，由北京师范大学等多所高校的近百名研究人员组成的联合课题组，历时三年，分别开展了"研制素养框架""转化研究、课标修订"及"征求意见、修改完善"的研究工作，于2016年，正式颁布其研究成果《中国学生发展核心素养》。中国学生发展核心素养以培养"全面发展的人"为核心，分为文化基础、自主发展、社会参与3个方面，综合表现为人文底蕴、科学精神、学会学习、健康生活、责任担当、实践创新等六大素养，具体细化为国家认同等18个基本要点。2017年颁布的《高中数学课程标准（2017年版）》将核心素养与数学学科相结合，提出了"数学抽象、逻辑推理、数学建模、直观想象、数学运算、数据分析"六大数学核心素养。

数学核心素养不同于学生掌握的数学知识、技能、能力，是学生经过数学学习后所形成的的数学眼光、数学思维和数学语言。培养具有数学核心素养的人是数学学科的核心任务。那么，数学核心素养应该如何培养呢？这是一个迫切需要回答的关键性问题。《数学课标11版》实际上已经回应了这一问题："过程"是落实核心素养的唯一途径，也是核心途径。数学核心素养本质上是一种数学直观，包括数学眼光、数学思维和数学语言。这种数学直观不直接取决于数学知识技能的积累，而在于数学经验的积淀。当然，数学知识是形成数学素养的基础，但不是有数学知识就一定会形成数学素养。数学直观的获得在于通过数学活动积淀数学经验。数学经验越丰富，越容易形成数学直观。而数学经验的积淀必须借助数学活动，在活动过程中进行。因此，"过程"是形成数学素养的关键且唯一途径。《数学课标11版》将"过程"作为目标提出，是对数学素养落实的最好呼应。

（二）过程目标教科书呈现要立足两个目标定位

过程目标的教科书呈现有其自身的目标定位。过程目标落实的目标定位是指数学教科书力图体现过程目标所要达到的预期结果。数学教科书呈现过程目标的结果预期制约着数学教科书呈现过程目标的内容与结构上的方向。过程目标直接作用于知识技能：借助过程，知识技能获得才更深刻；过程目标最终指向于数学经验：依赖过程，数学经验积淀才更丰富。

1. 夯实数学知识

传统的数学知识观认为数学知识是一种结果性知识，强调数学知识的静态客观性，注重数学知识的严谨性和精确性。传统数学知识观下的数学教育，关注学生具体静态的数学结论的获得。但即使是静态的数学知识，其形成过程一般也要经过活动阶段、过程阶段、对象阶段、图示阶段。如数学概念、数学命题等的数学知识的形成都具有过程和对象的双重属性。过程性是数学知识的基本属性之一。数学知识既表现为对象、结构，也表现为一系列过程、方法。例如，加法，既表现为合并或添加后的结果，又表现为两个集合中元素的合并或添加的过程。因此，数学知识既是一种对象，也是一种过程。数学知识对象性与过程性的双重属性启示我们：作为对象的数学知识的掌握往往离不开过程，数学知识的夯实是数学知识历经过程达到对象的过程。

长期以来，数学教育重视知识的灌输，把冰冷的数学结论硬塞给学生，忽略数学知识发生发展的过程，不注意引导学生体会数学过程，人为割裂了数学知识过程与数学知识结果的连续性。没有数学过程的合理理解，如何达到数学知识的完整掌握。例如，数学中的"3+2=2+3"，从数学结果来看，这个数事实上是"5"，但本质上，这个式子描述的是聚集物的两个过程（由"3"聚集为"5"还是由"2"聚集为"5"），这种类型的聚集物用"加"这个词或"+"这个符号，其意义限定于与数有关，"5"的结果，只能表达两个聚集程序所得到的成员（或要素）同样多。可见，借助过程将单调刻板的死记硬背转化为鲜活生动的活动体验，恢复之前被人为剥离的知识与能力、情感等的内在联系，才是夯实数学知识的正确途径。

2. 积淀数学经验

在数学知识众所周知的冷漠、不变的外表下，隐藏着一个动人、不断变化的数学世界。与传统数学知识观相对的现代数学知识观认为，数学知识不仅包括静态的、严谨的、精确的客观性知识，更包括属于个体的主观性知识，强调数学知识的动态过程性，注重数学知识的灵活性和发展性。主观性的数学知识特指在数学过程中积淀的数学活动经验。新一轮数学课程改革提出"知识与技能、过程与方法、情感态度与价值观"的三维课程目标。数学学习是一种以过程形式存在并展开的数学活动经验的积淀过程。这些过程包括：数学知识结构建立、推广、发展的过程；数学知识定理提出、完善、应用的过程；数学基本技能的模仿、固化、熟练的过程；数学情感的感受、反应、领悟过程等。《数学课标 11 版》更是将"过程目标"作为目标概念提出，彰显数学的过程价值。数学的过程特征被强调和重视，数学经验的积淀必须在过程中实现。

只有在过程中积淀的数学经验才更丰富、更生动，才更能形成数学直观，发展为数学素养。新课程理念下，数学过程不应阈限在数学经验范围内，应拓展为生活经验。再丰富饱满的数学经验，如果没有形成可以适应且提升现实生活的数学直观，没有发展为生活经验，都显得苍白无力。数学学习应该是一个充满生命力的对话过程，学生在亲身经历、体验、探索中理解和掌握数学基础知识和基本技能，获得数学思想方法，积淀数学经验，形成了数学的直观。在过程中，学生的主体性、能动性、独立性不断生成、张扬、发展和提升，同时感受了数学的乐趣，获得了数学的信心，学生理智世界与情感世界有了实质性的进展。可见，将单一维度的数学经验转化为多维度的学生经验，实现学生知、情、意、行、品格经验的综合提升，才是过程目标的最终归属。

(三) 过程目标教科书呈现要遵循三个基本原则

1. "标准"化原则：落实数学课程标准的规定

数学教科书主要是依据数学课程标准而制定的，应该体现数学课程标准的基本要求，要符合数学课程标准的性质、目标与内容标准等。可以说，数学课程标准是数学教科书内容与方向的最低规定。数学教科书关于过程目标的落实应该符合数学课程标准的相关描述。

凡是数学课程标准中显性描述或隐性蕴含的过程目标要求，数学教科书都应该落实。《数学课标11版》中对过程目标有明确要求，即直接使用过程目标行为动词"经历（感受、尝试）""体验（体会）""探索"描述的目标或内容，如课程目标中明确规定，"体验克服困难、解决问题的过程"归属于数学课程标准对数学教科书落实过程目标的显性要求，教科书编写时应重点关注和落实。《数学课标11版》中也有对过程目标的隐性蕴含，如课程内容中如此描述，"通过观察、操作，初步认识长方形、正方形的特征"。"通过观察、操作"是一种"过程"规定，教科书编写时，也要深入挖掘和开发。《义务教育数学课程标准（2011年版）解读》是对数学课程标准的详细解释和细化说明，对相关内容的过程目标要求是对数学课程标准的补充与具体化，数学教科书过程目标呈现时也要具体参阅。对数学课程标准以及标准解读中并未显性或隐性规定的过程目标，数学教科书编写时可结合具体内容适当创生，以更充分地落实过程目标。这是因为，数学课程标准是对数学课程的最低要求，而非最高标准。只有适当的创生，过程目标才能高效落实。

2. 循序性原则：引导学生由浅入深地积淀数学经验

过程目标达成的评价标准是形成数学直观。这是非常高的目标要求。达成如此目标，不是也不能是一蹴而就的。数学教科书对过程目标的呈现往往以数学知识为载体，散布在各册的不同内容之中。正因如此，数学教科书在落实过程目标时，应该循序渐进地体现过程目标，以引导学生循序渐进地体悟过程，积淀经验。

首先，对过程目标要逐级呈现。过程目标主要包括"经历（感受、尝试）""体验（体会）""探索"三个逐级上升的水平维度。每个维度对过程的要求不同。数学教科书要尽量保证过程目标的数量与等级平行式上升。即数学教科书呈现过程目标，其数量可在保证基础量的基础上，依课程内容适当调整，其等级在每册教科书中尽量均匀，都有所涉及，同时，随着年级的增加，高层次过程目标的呈现要适当增加。这样才能保证学生积淀经验的连续性与发展性。

其次，基于某一类专题逐渐体现过程目标。数学课程标准编排了"综合与实践"领域。"'综合与实践'是一类以问题为载体、以学生资助参与为主的学习活动"❶。基于此，无论是现行的北师版小学数学教科书，还是人教版小学数学教科书中都设计了与"综合与实践"内容领域相对应的"数学好玩"和"数学广角"。但过程目标教科书呈现研究中发现，"数学好玩"中对于过程目标的体现并不理想。"综合与实践"所呈现的学习活动与过程目标落实完美契合。因此，可以"综合与实践"领域为载体，针对过程目标的不同要求，在不同学段的各册数学教科书中逐渐落实。其中，要特别注意合理处理第二学段与第一学段的衔接和递进关系。

3. 利教性原则：帮助教师高效落实过程目标

数学教科书是教师教学的重要文本，应该具有利教性原则，即利于教学开展的原则，能为教师开展有效教学提供具体而明确的指导。过程目标的教科书呈现，也应遵从利教性原则，从而实现利学性。

首先，注意把握过程目标的数学内容属性。过程目标设计要注意不同数学内容对过程目标的具体要求。同时，要充分理解不同等级的过程目标的具体内涵要求，注意区分过程目标的异同，了解过程目标呈现的适切内容与情境，即明确哪些领域、哪些内容需要借助过程而落实，而这些领域、这些内容对过程的要求又如何，力求过程目标的呈现与数学内容具有最高程度的契合性。

其次，注意把握过程目标的学生发展特征。编排过程目标时，要结合学生不同发展阶段的生理与心理特点和认知水平。要在符合学生发展特点的节点上编排适切的过程目标。比如，低年段的学生由于生理、心理以及认知水平均处于相对不成熟的阶段，就不适合设计要求偏高的"探索"层次的目标，而应该设计低要求的"感受"层次的目标，越低年龄的学生，越应该照

---

❶ 中华人民共和国教育部制定. 义务教育数学课程标准（2011年版）[S]. 北京：北京师范大学出版社，2012：5.

顾他们的年龄特征。只有如此，才能帮助教师在具体的教学中更容易、更合理地落实过程目标，学生也能更容易接受和掌握。

(四) 过程目标教科书呈现的基本策略

1. 教科书呈现的过程目标要求应高于课程标准规定，或至少保持一致

按古德莱德（John Goodlad）的课程层次观，课程可以分为理想的课程、正式的课程、领悟的课程、运作的课程、经验的课程。从理想的课程到经验的课程，需要进行课程转化。通过课程转化，将课程理想化为课程事实，以裨益教与学。课程转化是课程理想在不同课程层级间及同一课程层次的不同课程类型间的承转过程，存在异同变化与程度衰减。课程转化中，上一层级的课程或某一类课程会被删减、排除、扭曲、遗失、疏忽、误解，下一级课程或另一类课程也有可能被增加、拓展、深化。通常情况下，课程转化往往是一个"衰减"的过程。课程"衰减"产生的缺口，就是课程落差。保持课程转化的一致性，缩小课程转化中的落差，是有效课程转化的核心。

课程标准和教科书属于古德莱德课程层次中的正式课程。课程标准到教科书的转化是同一层级课程中不同课程类型间的转化，即正式课程层面的内容转化。课程标准的思想理念转化为教科书内容有三种形式：独立式转化、连锁式转化和同质式转化。独立式转化是将课程标准理念独立于教科书中，与其他内容并列存在。连锁式转化是将课程标准理念与教科书部分内容相联结。同质式转化是将课程标准理念作为教科书设计的指导思想，引领教科书内容。基于我国的教育现实，教科书对课程标准的转化，属于同质性转化。这种转化过程中，排除、遗失、扭曲、疏忽几乎不可能，而误解所造成的"衰减"极为常见。造成这种显性的原因有两个：一是课程标准是一种理念引领的宏观指导，不能进行具体化规定；二是由于教科书编者对专家学者观点取向存在理解差异和表达局限。

基于此，理论层面上，教科书的相关要求应高于课程标准的规定，至少应该与课程标准规定相符。具体到过程目标的呈现，教科书编写需要深刻理解课程标准中明显表述的"过程目标"的内涵要求，同时，应该深入挖掘课程标准中隐含表达的"过程目标"的具体意旨，更为重要的是要综合把握数学课程标准的"课程目标"与"课程内容"中的"过程目标"规定，保证教科书中过程目标的内涵要求高于课程标准的规定，至少符合课程标准。如

此才能减缓"衰减",弥补"衰减"中造成的差序。课程标准的规定是基本要求,而不是最高要求。以课程标准为依据,稍微高于课程标准,也是教科书对课程标准同质化转化的要求所在。

2. 过程目标的教科书呈现要确保内容适切性

小学数学教科书的过程目标落实,要在立足过程目标自身规定性的基础上权衡数学学科的内容属性。

过程目标教科书呈现研究表明,数学教科书中过程目标的呈现缺乏内容差异的考量。过程目标的呈现,应依据课程标准的目标规定和内容标准,同时,要权衡数学学科不同内容领域的目标属性与自身特性。首先,并非所有数学内容必需过程才能落实过程目标,简单来说,学生已有的活动经验,或者学生不用借助"过程"就能完成的内容,再强调"过程目标"就显得多余。其次,不同的数学内容,对过程目标的需求也不尽相同,例如,图形与几何中图形认识、图形的周长面积、图形的变换与运用,虽然对"经历(感受、尝试)""体验(体会)""探索"的需求不同,但基础的"行为操作"过程是必需的;数与代数中不同运算的算理,必须"经历"抽象过程而获得理解,如果对过程目标的要求仅停留在"操作经验",算理理解不透彻,如果定位于"探索",则没有太大必要。可见,讨论过程目标的教科书呈现,不能片面强调数量与效果,更应理性权衡内容载体的教学内涵与数学学科属性。

过程目标的达成主要通过教科书呈现的目标任务来实现。因此,教科书各内容领域中的呈现比例、呈现形式,以及以何种载体、何种层次对过程目标进行呈现就显得非常重要。科学权衡数学各内容领域的自身独特性与内在一致性,既契合不同内容领域的自身属性,也考虑各内容领域间的内在关联。保证过程目标教科书呈现的适切性,除了关照内容领域结构,还要考虑内容领域内部的层次性。不同学段的不同内容的目标要求有层次性。同一学段不同内容的目标要求也有层次性。科学分析、理性思考,以期充分开发不同内容领域的过程目标渗透机会,保证过程目标渗透的连续性和全面性。同时,需在保证数学成长的情况下实现渗透最优化。只有过程目标完成内容属性的适切性落实,才能完成其结构性呈现,如此"过程"才能承载结构化的数学经验,也才能帮助学生获得数学直观的结构性发展。

3. 过程目标的教科书呈现要符合阶段发展性

教科书的过程目标呈现，要体现学生的阶段发展性和学习的发生脉络性。

瑞士心理学家让·皮亚杰提出了关于个体认知发展阶段理论，认为个体从出生到成熟过程中的认知结构表现为四个发展性的阶段，分别是：感知运动阶段、前运算阶段、具体运算阶段、形式运算阶段。感知运算阶段在于获得了客体永久性。前运算阶段包括前概念阶段和直觉思维阶段，这一阶段在于思维活动的具体性和不可逆性。具体运算阶段在于获得了守恒性，在分类和理解概念上都会有所提高。形式运算阶段在于获得假设演绎思维和科学技术所需要的基本运算。皮亚杰还给出了每个发展阶段的年龄划分。但由于时代发展，皮亚杰时代的年龄划分早已不适合当代学生，但其认知阶段的划分依旧是合理科学的。过程目标的教科书呈现逻辑应该与学生认知发展规律保持内在一致性。依据皮亚杰认知发展的阶段特征，或进阶或螺旋上升地编排过程目标。儿童的认知发展阶段对"经历（感受、尝试）""体验（体会）""探索"有不同的需求，同时也就决定了过程目标的选择与呈现都应该因认知特征而具体问题具体分析。过程目标的发展会随着不同学年段学生的心理发展水平和年龄特征的不同而不同，按学段提出过程目标的标准、内容、教学与评价建议，过程目标的教科书呈现才更具层次性，从而保证学生获取经验的连续性与发展性。

学习的发生过程是基于经验，实现经验延伸、扩展及内化，从而形成新经验的过程。教科书对过程目标的呈现，应该以学生已有的生活经验和数学经验为基调，借助情境将学生最近发展区域内的新经验与已有经验串联起来，充分调动学生的前概念，让学生在具体情境中形成新知迷思与旧知固化的"对质"。过程目标的教科书呈现，与情境同样重要的载体是活动。教科书要为学生提供数学互动的语言与图像。依据内容，设计符合学生认知，同时符合过程目标属性的有深度有广度的数学活动，并对关键步骤与结果留白，给予学生最为丰富的思考空间和活动空间，让学生在活动中产生有深度、有广度、有层次的过程体验。

第六章 小学数学过程目标在教学中的呈现

课堂教学是课程目标实践的关键场域,也是观察课程目标实践的重要空间。基于"小学数学过程目标教学呈现的分析框架"对 34 节课堂教学视频进行分析,以期描绘小学数学过程目标的教学呈现样态。

一、小学数学过程目标的教学呈现现状

对小学数学过程目标教学呈现现状的分析,将从过程目标的教学呈现以及其与教科书呈现的一致性两个方面展开。依据"小学数学过程目标教学呈现分析框架",以课为单位,对 34 节小学数学课堂教学进行定量的分析与统计,获得小学数学过程目标的教学呈现现状,分析其所面临的现实困境,并给出具体的改进建议。

(一)过程目标教学呈现的整体分析

过程目标教学呈现的整体分析,主要从总体、课型、内容领域、年级四个方面展开分析。(具体参见附录Ⅵ)

1. 总体分析

据表 6-1 可知:34 节课堂实录中,落实"探索"的课最多,共有 16 节,但也有 11 节课没有落实过程目标,落实"体验(体会)"的只有 7 节,没有呈现"经历(感受、尝试)"。可见,34 节课堂实录对过程目标的落实成两极分化,多"落实'探索'"或"不落实"的情况,同时"经历"也没有呈现。小学数学过程目标在教学中的呈现,因为年级、课型、内容的不同而不同。

表 6-1　34 节课堂实录中的过程目标呈现数量分布

呈现水平	0级	Ⅰ级	Ⅱ级	Ⅲ级
呈现频次	11	0	7	16

2. 不同课型的分析

如图 6-1 所示，34 节课堂实录中，常规课和公开课各 17 节。常规课中，过程目标的呈现多集中在 0 级（10 节）和Ⅲ级（5 节）水平上，且绝大部分处于 0 级，即常规课中很少呈现过程目标；公开课中，过程目标的呈现多集中在Ⅲ级（11 节）和Ⅱ级（5 节）上，即公开课注重"体验（体会）"和"探索"的落实。可见不同课型对过程目标的呈现存在差异。

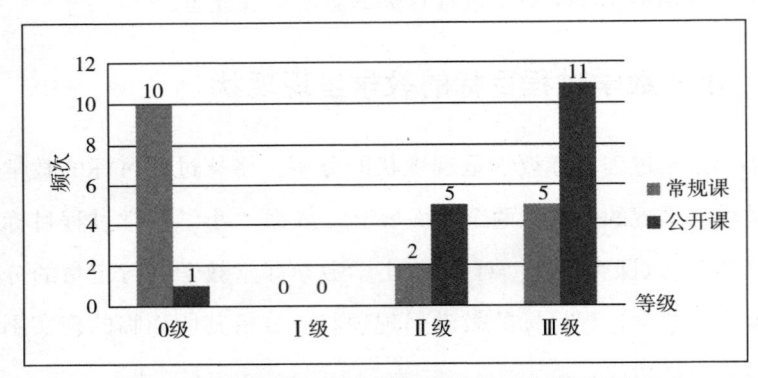

图 6-1　不同课型课堂实录中过程目标呈现数量分布

通过统计数据不难发现，相较于常规课中不落实"过程目标"的情况，教师在公开课中，注重呈现高层次的"过程目标"，即"探索"和"体验（体会）"。公开课中的过程目标实践质量优于常规课。这与实践环境、重视程度和准备程度等因素有关。

常态课，是教师的日常教学常态。常态课的教学设计与策略选择等受时间、精力和设备等客观条件的制约，与公开课差异明显。与常态课不同，公开课具有准备时间较长，耗费精力较大等特点。公开课是经过多次磨课，精心准备的，向同行、家长或领导展示的成果教学，往往会展现执教教师的最高水平。同时，由于家长、领导、教育监督者等重要利益相关者到场，或者同行面前的"面子问题"等多方压力，使得教师付出了更多精力去准备。在常规课中，虽然学生主体作为核心利益者监督，但因其对课堂教学的感知和认识尚未成熟，教学依旧会趋向常态化，甚至随意化，对"过程目标"的实践质量较差。加之公开课中教师与学生也是以极佳之状态进行的，教师在过程目标处理时表现得更加细腻。

以【课堂实录10】和【课堂实录13】为例，这两节课都是"三角形面积"的公开课，两位老师的教学处理很到位：【课堂实录10】中的教师在学生只强调用等腰三角形可以拼成平行四边形，而忽略"等底等高"时，立即抛出"我这也有两个等腰三角形，你们看看可以吗？"的问题，成功引起认知冲突，引导学生深入思考；【课堂实录13】中的教师在学生已然明白且阐述完转化过程及结果时，又"多此一举"地发问"我想知道你是怎么发现这两个三角形是完全相同的三角形"，引导学生深入思考，加强内化。

课堂实录10　　　　　课堂教学片段（片段节选）

【生1】我们用的是等腰三角形，拼成了一个平行四边形。（用教具演示）

【师】哦，你用的是等腰三角形，只要是等腰三角形就能够拼成吗？老师这里边也有两个等腰三角形，你们看看可以吗？

课堂实录13　　　　　课堂教学片段（片段节选）

【生14】（接着说）额，我们也是这么拼的，因为平行四边形的面积是底乘以高，然后，三角形的底就是这个平行四边形的底，三角形的高就是这个平行四边形的高。因为它们是完全相同的两个三角形，所以底乘高除以2。（讲台上学生同时在黑板上演示拼三角形的过程）

【师】我想知道你是怎么发现这两个三角形是完全相同的三角形。

3. 不同内容领域的分析

如表6-2所示，34节课堂实录中，涉及数与代数领域的课共21节，其中，过程目标的0级呈现共10节，虽然没有Ⅰ级呈现，但Ⅱ级和Ⅲ级呈现也不理想，分别只有6节和5节。也就是说，在数与代数领域中，有47.6%的课没有落实过程目标，而仅有不到30%的课落实了"体验（体会）"与"探索"。

34节课堂实录中，涉及图形与几何领域的课共11节，过程目标的呈现除了1个0级水平外，均为Ⅲ水平，共10节。这充分说明图形与几何的实际教学中，注重"探索"的落实。

34节课堂实录中，涉及统计与概率领域的课，只有1节，其关于过程目标的落实属于Ⅱ级水平，即"体验（体会）"的落实。

34节课堂实录中，涉及综合与实践领域的课也只有1节，其对过程目标的呈现属于Ⅲ级水平，即"探索"的落实。

表6-2　34节课堂实录中的过程目标的内容领域分布

内容领域	0级	Ⅰ级	Ⅱ级	Ⅲ级
数与代数	10	0	6	5
图形与几何	1	0	0	10
统计与概率	0	0	1	0
综合与实践	0	0	0	1

分析可知，与数与代数领域相比，图形与几何领域倾向于高层次过程目标的呈现。可以从两个方面解释这个现象：其一，是由不同内容领域的内容属性与特点决定的。数与代数领域涉及的课有"百分数""加法结合律""整数除法""分数的混合运算""小数除法""整数乘法""整数的混合运算"等。这些课中，算理是体现"过程"的主要内容。对学生来说，算理是内部思维活动，不易察觉和引导。同时，也是较难掌握的内容。所以，教师把握起来比较困难。而图形与几何领域涉及的课有"三角形面积""圆的面积""平移和轴对称""长方体""平行四边形的面积""长方体的体积"等。这些课程内容对动手操作要求高，学习中势必会进行行为操作活动，有利于"探索"目标的落实。同时，关于面积与体积的学习，重点在于探索，必须落实"探索"的过程目标。其二，由《数学课标11版》的要求决定。《数学课标11版》规定数与代数领域内容要完成"探索运算律""体会加与减、乘与除的互逆关系""经历与他人交流各自算法的过程"的目标。据此，教师关于过程目标的呈现，可能多停留在"体验（体会）"层面上。《数学课标11版》对图形与几何内容领域的要求相对集中在"探索"层面上，明确规定"探索并掌握三角形、平行四边形和梯形的面积公式""探索圆的面积公式""探索并掌握长方体、正方体、圆柱体的体积和表面积以及圆锥体积的计算方法"。北师版教科书以及相应的教师用书，都对如何进行"探索"给出说明。同时，课改后的很多典型教学案例也多关注"三角形面积"探索。因此，"探

索"的过程目标在图形与几何领域落实良好也是情理之中。

4. 不同年级的分析

由表6-3可知：34节课堂实录中，涉及三年级的共5节课。其中，0级呈现最多，共4节，剩下的1节属于Ⅱ级呈现。可见，涉及三年级的样本教学实录中，基本没有落实过程目标。

涉及四年级的共10节课，其中，Ⅱ级呈现的共5节，Ⅲ级呈现的共4节。也就是说，涉及四年级的样本实录中，侧重"体验（体会）"和"探索"的落实。

涉及五年级的共9节课，其中，Ⅲ级呈现的共7节，0级呈现的共2节。也就是说，涉及五年级的样本实录中，侧重"探索"的落实，但也有不落实过程目标的情况。

涉及六年级的共10节课，其中，Ⅲ级呈现的共5节，0级呈现的共4节，Ⅱ级只有1节。也就是说，涉及六年级的样本实录中，侧重"探索"的落实，但没有落实过程目标的情况的教学量也不少。

从年级分布来看，低年级多"经历（感受）"，高年级多"探索"。究其原因，首先，与学生数学思维发展特点有关，学生的数学思维大致可分为三个阶段：抽象、推理和模型。随着认知水平的不断发展，学生逐渐从对具体物象的依赖中解脱，开始进入抽象的思考世界。基于这种由具象思维向抽象思维的进阶，在课程和教学安排时，低年段更注重形象思维内容的呈现，高年段注重抽象思维内容的呈现。如，图形的面积体积是高年级的内容，《数学课标11版》就明确要求其呈现方式要注重"探索"。

表6-3 34节课堂实录中的过程目标的年级分布

年级	0级	Ⅰ级	Ⅱ级	Ⅲ级
三年级	4	0	1	0
四年级	1	0	5	4
五年级	2	0	0	7
六年级	4	0	1	5

（二）与教科书呈现的一致性分析

考察过程目标教学呈现与教科书呈现的一致性，可以透视过程目标教学呈现的现实状态与问题所在。与教科书呈现的一致性分析主要从整体、课型、内容领域、年级四个方面具体分析。（具体参考附录Ⅶ）。

1. 整体一致性的分析

总体上，过程目标的教学呈现与教科书呈现保持一致。统计分析可知：34节课堂教学中，过程目标的呈现与教科书呈现水平一致的共22节，低于教科书呈现有9节，高于教科书呈现的只有3节。可见，实际教学中，教师的教学基本参照教科书，但由于教师的教科书解读能力不足或教学能力欠缺，导致部分教学水平低于教科书呈现水平。当然，也有教师创造性地使用教科书，且水平较好。结合教学视频分析可知，实际教学中，教师或多或少地会更改教科书内容，但大部分只是背景的替换，意义不大，甚至会出现替换失败的情况。如【课堂实录23】。

2. 不同课型的一致性分析

统计分析可知：17节公开课中，过程目标的呈现与教科书呈现一致的共13节，高于与低于教科书呈现的各2节；17节常规课中，过程目标的呈现与教科书呈现一致的共9节，低于教科书呈现的共7节，而高于教科书呈现的只有1节。

分析可知，过程目标的教学呈现基本与教科书呈现一致，但常规课上低于教科书呈现的情况较多。究其原因，教师在常规课中更依赖教科书的指导，公开课中，教师为丰富教学内容，展现高水平教学，往往会在教科书的基础上提高呈现水平。

3. 不同内容领域中的一致性分析

统计分析可知：21节涉及数与代数领域的课堂实录中，过程目标的呈现与教科书呈现一致的共11节，低于教科书呈现的共8节，高于教科书呈现的只有2节；11节涉及图形与几何领域的课堂实录中，过程目标的呈现均与教科书呈现一致的共10节，只有1节低于教科书呈现；1节涉及统计与概率领域的课堂实录的过程目标呈现与教科书呈现一致；1节涉及综合与实践领域的课堂实录的过程目标呈现高于教科书呈现。

分析可知，数与代数领域的课堂教学实录中，62%的过程目标呈现高于或一致于教科书呈现，只有38%的过程目标呈现低于教科书呈现。而图形与几何领域的课堂教学实录中，91%的过程目标呈现与教科书一致。可见，相对于图形与几何领域，教师对数与代数内容实施教学时，对教科书的依赖相对较低。

4. 不同年级的一致性分析

统计分析可知：5 节涉及三年级的课堂实录中，过程目标的呈现与教科书呈现一致的只有 1 节，有 4 节低于教科书呈现；10 节涉及四年级的课堂实录中，与教科书呈现一致的共 7 节，低于教科书呈现的有 2 节，高于教科书呈现的只有 1 节；9 节涉及五年级的课堂实录中，过程目标的呈现与教科书呈现一致的共 8 节，只有 1 节低于教科书呈现；10 节涉及六年级的课堂实录中，与教科书呈现一致的共 6 节，高于和低于教科书呈现的各有 2 节。

分析可知，三年级的教学中，过程目标呈现多低于教科书呈现，四、五、六年级中，过程目标呈现则多与教科书呈现保持一致，甚至也有高于教科书呈现的情况。究其原因，与学生的最近发展区相关，低年级学生的认知能力较低，故此教师在教学过程中往往会调整教学策略，略低于教科书中的要求。随着年龄的增高，学生认知能力和思维能力都得到了发展，故此，与教课书的一致性增强。

二、小学数学过程目标教学呈现的特征

过程目标的落实通过显性化表达来达到。这里的"显性化"同时包括"过程目标的教科书呈现"和"过程目标的教学呈现"。由于教科书中的过程目标隐藏于结果内容和过程环节后，教师的深入解读和智慧使用显得尤为重要，这对教师是一种挑战。过程目标的教学落实，需要教师的智慧处理。

（一）可以在教学中优质落实

【课堂实录22】"圆的面积（一）"的过程目标的教学接近完美。教学中，教师将课堂完全还给学生，将"经历""体验""探索"真正落实，关键性环节均由学生自我参与，关键性内容均借由学生之嘴说出。使行为经验、思维经验、情绪经验完美融合。例如，教师在学生已经用到"转化"时故意问道："你看我们这个任务明明是要解决关于圆的知识，可你怎么想到正方形了呢？"让学生深入体会什么是"转化"。再如，教师在给出学具期望学生合作时，故意问道："那这个学具里有的份数少，有的多，你打算怎么用？能完成这个学习任务吗？"让"合作问题解决"成为必须，不仅实现合作问题解决的内涵发展，更让学生在过程中获得对合作问题解决能力的认可。教

师将"活动经验""推理验证""学会学习""转化""化曲为直""自信""合作问题解决"等内容恰如其分地融入教学之中，丝毫不见刻意。例如，"如果你还能对你自己的方法评价一下"（学会学习），"相信你自己啊"（自信），"我们把这个整理一下"（学会学习），"我们眼见的是虚的，我们自己做的是实实在在的。我们就真正地试试看"（数学品质），"我们用转化的方法可以把圆转化成平行四边形"（转化），等等。（见附录Ⅷ）。

在【教学实录30】"百分数认识"的教学中，教师用"水结冰"的物理小实验作为数学情景。授课的前一天，教师给学生准备带有刻度的塑料瓶子，让学生带回家，装水，记录水的体积，放入冰箱或室外，早上记录冰的体积，将水与冰的体积数据带来课堂。教学前，已经让学生感受"水到冰的体积变化"。教学中，师生一起探讨"水结冰"的体积变化关系应该用什么刻画。学生在经历"多了多少""增加多少倍""增加了百分之几"的实际数据探索之后发现，虽然"多了多少""增加多少倍"刻画得比较直观，但会随着不同学生的数据变化而变化，无法得到一个普遍规律，但百分数却恰好解决这一问题。整个教学中，教师带领学生从兴趣出发，在认知冲突中探索，最终获得自我认可的知识。"问题解决""活动经验""数学价值观""应用意识"等一系列内容被教师"润物细无声"地渗透在每一个学生的探索过程中。

【课堂实录21】中，教师进行了"数形结合思想"的专题教学。教师从"由1个红色、3个黄色、5个蓝色、7个绿色正方形组成的'心'"（如下图）出发，通过看一看、拼一拼、说一说等过程，让学生在行为操作活动的基础上进行思维活动，并将情绪活动融入其中，共同研究数和形之间的神奇关系。学生在乐学氛围下，主动获取了行为经验、思维经验，甚至情绪经验。以综合与实践为载体开展数学活动是过程目标落实一个重要途径。

（二）落实偏重"思想方法"，忽略情感态度价值观

借助作为数学思想方法的"转化""数形结合""一一对应""化曲为直"内容落实过程目标，深受教师青睐，频繁出现于课程教学之中，值得称赞。但"数学思想方法"风靡背后，似乎暗藏一种警示性的现象，即"数学思想"被忽视。这种"忽视"的直接弊端是：教师误认为"数学思想方法"就是四基中的"基本思想"，而学生在"思想方法"的浸润下较少或从不接触

真正的"数学思想",导致"基本思想"目标的落实陷入"自我良好,但实际缺失"的尴尬困境。

教科书中"三角形面积"的内容设计,北师版与人教版都关注了"转化"的探索过程,即在"面积公式"这一显性内容载体下,设计了从现实生活出发,经历探索过程,获得解决一类问题的普适性的方法经验的流程。7节课堂实录中,教师普遍关注且重点设计了"转化"过程,强调了"转化"的思想方法,而没有兼顾"模型思想"等。例如,【课堂实录1】中,教师反复五次强调"转化"的方法。其实,教科书中,三角形面积出现在正方形面积、长方形面积和平行四边形面积之后,在前面的学习中,"数格子"和"转化"的方法已经落实。在此基础上,三角形面积的学习,应该有所拓展,关注或落实"转化"之外的数学思想。

情感态度价值观的培养,更需要且更适合过程目标。但实际教学中,情感态度价值观的培养,更多是作为教学中的点缀。即在教学的结束阶段借助直白语言作为主题升华的载体而出现。如此处理,情感态度价值观的落实,缺乏借助情绪活动而积淀饱满情绪的过程,情感态度价值的获得属于刻板说教,而无法实现内化。

34节课堂教学中,教师对情感态度价值观也有所涉及。【课堂实录7】中,教师在讲解"我国约有660个城市,其中约2/3的城市供水不足。在这些供水不足的城市中,又约有1/4的城市严重缺水。全国严重缺水的城市大约有多少个?"一题时,说道:"严重供水不足的城市占660个城市的1/6,其实比例还是大的,在此我提醒大家,平时要节约用水。"【课堂实录13】中,教师在教学结束时询问"说一说你们的收获?""你对自己这节课的评价如何,你能得到几颗心?"是"学会学习"中"元认知能力"的渗透与培养。【课堂实录29】在教科书内容的基础上,设计了"中国文化古城游"的情境,不仅使"里程碑"贴近生活,还拓展出"中国是四大文明古国",渗透"国家荣誉感",培养爱国主义,同时简略地呈现了中国古都,甚至提到了南京大屠杀,简要整合了历史学科。但所有的渗透都是一种结果性点缀,而没有过程。

课堂实录 29　　　　　**课堂教学片段（片段节选）**

【师】每一个国家，跟每一个人一样，都是有年龄的。所以中国是四大文明古国之一。中国历史悠久，经历了数十个朝代。中国每一个朝代有它的首都，有没有人知道中国还有哪些城市曾经是首都？

【生1】西安和洛阳。

【师】是的，西安，洛阳，是非常有名的古都之一。还有啊？

【生2】咸阳是春秋时期秦朝的古都。

【师】是的。薛老师再给大家介绍一个，就是南京。

......

【师】带星号的这些城市就是中国的一些古都。那么，薛老师打算这个假期就来一个中国文化古城之旅，那么我要去哪里呢？由于时间的关系，南京我就不去了，我打算去这三个地方。

（PPT上将"三个地方"用矩形框框了起来，教师用教鞭指了指地图上的三个城市，配合讲解）

　　所录制的教学视频中，有7节是"三角形的面积"。"三角形面积"的教学情境的设计，人教版是"红领巾"，北师版是"流动红旗"。此情境恰好可以渗透数学实践价值观，同时也可以就"红领巾"或"流动红旗"顺便渗透"少年先锋队"或"荣誉"等价值观。具体的，【课堂实录10】中教师点到"红领巾呢是少先队员的标志，带着它是不是非常的光荣和骄傲啊"。但也只是苍白的语言表达。无论是"红领巾"，还是"流动红旗"，都是作为这节课的情景出现的，如果教师在整个课堂中，注重学生的情绪活动，不仅不会使课堂内容显得冗杂突兀，反而会借助情绪活动，高效落实行为活动和思维活动，使学生经验的积淀更加饱满，而且，也锦上添花地积淀了价值观经验。

　　【课堂实录1】中教师利用"九章算术"表达"前辈非常了不起"的情感。如果教师对"九章算术"的处理是通过视频、音频等手段，即使学生没有亲身参与活动，但借助感官活动，学生可以实现"前人伟大"的共情，更好地积淀"爱国""民族自豪感"的价值观经验。

第六章 小学数学过程目标在教学中的呈现

课堂实录1　　　　课堂教学片段（片段节选）

【师】知道吗，谁愿意读给大家听？好，你来读。

【生】你知道吗，大约在两千年前，我国数学名著《九章算术》中的方田章就论述了平面图形面积的算法。书中说："方田数曰，广从步数相乘得积步。"其中"方田"是指长方形的田地，"广"和"从"是指长和宽，也就是说：长方形面积＝长×宽。还说："圭田术曰，半广以乘正从。"就是说三角形面积＝底×高÷2。

【师】我们的前辈都非常了不起，两千年前就在研究这个问题了。

（三）落实意愿强烈，但操作无力

随着课改进入深化阶段，"过程与方法、情感态度价值观、思想经验、核心词、核心素养"等这些课改关键词已深入教师内心。在课堂教学中，教师积极落实过程目标的意愿强烈，但往往心有余而力不足。

【课堂实录4】"参观花圃"中，教师积极尝试让学生探索154÷22的不同计算方法，期望在经历各种方法的过程中找到"试商"的最优解法，掌握算理。但教学效果不理想，学生没有探索出最优方法，全体倾向于"分"152，而完全没有将22看作20的"数感"，教师也没有找到"点拨"的时机。快下课时，教师无奈给出解法和总结。教师在教学中存在处理方法欠缺的情况：关于口算，学生经历了，但教师没有适时点拨；关于试商，学生根本没有类似的经验可以借鉴。虽然教师有强烈的意愿给学生经验，以使其掌握方法与算理，但整个教学活动，显得混乱无章法，没有主线。

课堂实录4　　　　课堂教学片段（片段节选）

【师】你得有依据地想。老师给你们提供一个：22接近于谁，20，就可以把22当作20去试商。20×（　　）＜154，我们是不是就可以想口诀了，想口诀是不是就可以只看前两位了，二几接近十五，二七十四，所以就商7。

好，全体坐好。回头看一看咱们这节课154÷22的口算和竖式计算的两种方法：一种是四舍五入，看成整十数的口诀；另一种以10为标准往大了看或往小了看。试商也有两种：一种是直接试商，另一种是分段上位。

【课堂实录 12】"买文具"中,教师在学生明确知道得数的情况下,引导学生关注过程,尝试让学生探索 80÷20 的算理,但课前准备和预设不充分,导致效果不佳。更为重要的是,教师数学语言表达的不准确,严重妨碍了学生对"算理"的理解。教师对于学生"把两个 0 去掉"的错误表达视而不见,自己也说出"把 2 后面的 0 填上"的非专业表述。

课堂实录 12	课堂教学片段(片段节选)

【师】像这样的算式,有同学说,这个得数我都知道了。那这个得数对不对呢?就需要你的过程去说明它。

……

【师】你还想补充点啥不?那你问问他们还有没有疑问?

【生 13】关键是:4 我不知道你是怎么得出来的呀?这个数小,万一数大的话,你怎么知道它得 4 啊?

【师】谁能替她回答呢?

【生 14】80÷20,把两个 0 去掉,8÷2=4。

【师】那她(生 12)这种方法呢?

【生 15】是用 8÷2。

【师】没有明白你的意思,请坐。

【生 16】2 乘 4 得 8,再用 20 乘 4 就得 80。推导一下就是 80 除以 20 就得 4。

【师】这回听清了吗?是不是刚开始就知道得数是 4 啊?她不知道,她只不过是拿口诀去试,2 乘几得 8,因为得 80 的我不会用口诀,但是得 8 的我会用口诀,对吧?用口诀一试就试出来了,2 乘 4 得 8,我接着再把 2 后面的 0 添上,看 20 乘几等于 80。换句话说,几个 20 是 80,那 20 乘 4 等于 80,就说明 80 里面有 4 个 20,所以 80 除以 20 就得 4。谁看懂了?

【课堂实录 18】是关于整十数除个位数的内容,由于存在教师处理不当导致"过程"落实无力的情况:教师努力尝试让学生通过除数、被除数同时扩大或缩小整十倍来理解算理,培养数感,但实际教学却变成教师讲,学生听和记,加之教师数学表达得不准确,导致效果不尽如人意。

课堂实录 18　　　　　**课堂教学片段（片段节选）**

【师】你怎么算出来等于 30 的呢？

【生 7】因为可以先把 0 给省略了。6 除以 2 等于 3，再把 0 写上就等于 30。

【师】同意吗？

【生（齐）】同意。

【师】这个方法很巧妙，把这个 0 先……

【生（一部分）】不看。

【师】不看。把 0 先不看，用这个 6 去除以 2，对吧？

【生（一部分）】对。

【师】那这个 6 在 60 里边代表的是什么？

【生（一部分）】6 个 10。

【师】6 个 10 去除以 2，把 6 个 10 平均分成两份放，每份是？

【生（一部分）】30。

【师】每份是 3 个 10，对吧？

【生（一部分）】对。

【师】3 个 10 就是？

【生（齐）】30。

【师】再把这 0……

【生（一部分）】写上。

（四）尝试自主设计，但存在内涵理解不充分的表层重构

教学中，教师会根据现实的具体情况调适教科书内容。这种现象值得鼓励。毕竟数学教科书的设计，限于周期与篇幅的原因，无法随时更新和兼顾所有使用者，有不贴切之处实属正常。更为重要的是，现行小学数学教科书，是依据《数学课标（实验稿）》编制、根据《数学课标 11 版》修订的，对于过程目标的呈现，无法做到完全的科学与规范。于是，教师智慧地重构，是应有之意。但实际教学中，教师的调适，更多属于表层化重构，而不是在内涵理解充分的前提下的科学调适。

【课堂实录 19】"加法结合律"，教师重新设计教学情境，用"算式找朋友"的游戏进行课程讲解，并且所采用的算式（28+15+35）也非书上的算式

(4+8+6、19+62+38)。情境设计能引起学生兴趣,将原本"无行为过程"的内容重构为"借助行为过程"实现"过程化学习",积淀经验,深化理解,同时,算式的选择也满足应用结合律的要求,值得肯定。但学生"找朋友"的过程造成了课堂秩序的混乱。重构之意愿值得推广,但限于种种原因,重构效果不佳。

【课堂实录23】也是"加法结合律",教师设计了生活情境,利用三段路程的用时来引出三个数相加。这样的设计强调了数学的生活性,照顾了学生的经验起点。但有两点不足:其一,三段用时的数据分别是10、5、3,两两相加都可,没有使用结合律的需求;其二,如学生所示,三者任意组合相加都可以,学生列式基本不会出现"位置不变,运算顺序改变"的"完美"式子以满足教学需求。

课堂实录23　　　　　　**课堂教学片段（片段节选）**

【师】这节课我们继续研究和加法有关系的运算定律。今天,老师是第一次来到咱们学校上课,那你想知道我从家到学校一共用了多长时间吗?想知道就给大家看看（展示PPT）,从老师家到学校一共分成了几段?

【生齐】三段。

【师】第一段,用了几分钟?

【生齐】3分钟。

【师】第二段?

【生齐】10分钟。

【师】第三段?

【生齐】5分钟。

【师】一共用了多长时间?

【生3】老师您一共用了18分钟。

【师】能用算式表示一下吗?

【生4】10+3+5=18（分钟）。

【师】还有没有?

【生5】10+5+3=18（分钟）。

【生6】5+10+3=18（分钟）。

【生7】3+10+5＝18（分钟）。

（师板书 3+10+5）

【师】刚才我们讲出了很多算式，那老师写一个，你看看行不行［板书：3+（10+5）］。

【课堂实录2】"百分数"中，教师更改了数学情景：将"选派足球运动员"更换为更接近于学生的"生活水平高低"问题，并且用学生熟知的代课教师作为情景主人公，似乎可以拉近数学与生活的距离，照顾学生经验起点。但由于"恩格尔系数"是一个相对"高深"的内容，学生并不能理解为什么"食品支出占总支出"比"总支出占总收入"或"各项支出都高"更能描述教师生活水平，造成认知冲突而导致建构失败。所以，教师在学生提出"看总收入，再看总支出"时，只能选择"不回应、强拽回"的战略，使教学无法按计划进行。而教科书中"选派足球运动员"情境的设计，是与学生已有知识无法解决而"只能用百分数"的完美冲突，学生的思维活动会更加丰富饱满。教学中，教师渗透数学的实践价值，例如，"生活中哪些地方还见过百分数""以后一定要在生活中经常使用百分数，帮助我们决策，帮我们推断"，等等，旨在借助整节课的思维活动而引入情绪活动，让学生积淀"数学有用"的价值观经验。可见，教师更改数学情境的本意在于可以关照"价值观"经验，只是由于教师对百分数产生的本质理解不透彻，导致重构停留在表层，甚至重构失效。

课堂实录2   **课堂教学片段（片段节选）**

【生7】我觉得应该先看总收入是多少，再看总支出。

【师】太有道理了，我们得先看看你吃饭多少钱呀，对不对，要不然你借钱的话那能行吗？现在杨老师把支出的数据给你，我们结合支出的数据来看一看。

【生8】我觉得杨老师家生活水平高一点，因为他家每一项数据都高。

【师】你是想看杨老师家的每一项的支出，是吗？我们要看这么多数据，那我们就看一看哪一项是最重要、最基本的，是人类生存必须的。一起说，什么呀？

【生齐】食品支出。

（五）落实尚在"形式"阶段，存在机械化处理现象

霍炳坤在总结 Brown 和 Edelson❶、Remillard 和 Bryans❷、孔凡哲❸等人研究的基础上，认为"教师虽然没有使用教科书的固定模式，但一般都可纳入'忠实型''调适型''自主型'之内"❹。"忠实型"是指教师倾向遵循教科书的内容及过程指引；"调适型"是指教师倾向调试教科书的内容及过程指引；"自主型"是指教师参考教科书而自行设计内容及过程。

教师使用教科书，主要在于使用教科书的内容及过程指引。在"教科书即知识"的陈旧观念下，似乎"忠实型"不如"调适型"，"调适型"不如"自主型"。这种不合理的观点其实暗含一个前提，"教科书质量差，而教师素质高"，或者说"教科书无法满足学生学习和教师教学"。在我国，教科书被定义为"课程的物化形态"❺，是国家教育意志的集中体现，具有必然的科学性与规范性。尤其随着课程改革进入深化阶段，"教科书即知识"的观念或现象早已过时。"一标多本"下的教科书，正从"知识为本"逐渐完善为"过程为本"，甚至"素养为本"。在教科书正逐步且不断完善的前提下，教科书的教师使用水平已不能依据简单"遵循程度"来衡量。

依据古德莱德的课程层次观，一标多本下的教科书，既属于"官方的课程"，又属于"理解的课程"。教师的使用应该是"忠实"基础上的"调适"或"自主"，即在尊重的基础上深入解读教科书中结果内容及过程指引背后的结果目标与过程目标意图，使其浑然一体。

具体的教学实践中，教科书的教师使用模式介于"忠实使用"与"调适使用"之间❻。34节教学视频中，23个教师忠实使用教科书，包括教科书内容及过程指引，11个教师做出调适，多为更换数学情境，也有少量增加、替

---

❶ Brown M, Edelson D. *Teaching as Design: Can We Better Understand the Ways in Which Teachers Use Materials So We Can Better Design Materials to Support Their Changes in Practice* [M]. Evanston, IL: The Center for Learning Technologies in Urban Schools, 2003.
❷ Remillard J T, Bryans M B. *Teachers' Orientations Toward Mathematics Curriculum Materials: Implications for Teacher Learning* [J]. Journal for Research in Mathematics Education, 2004, 35 (5): 352-388.
❸ 孔凡哲, 张恰. 教科书研究方法与质量保障研究 [M]. 长春: 东北师范大学出版社, 2007.
❹ 霍秉坤. 教科书使用研究框架的评析 [J]. 全球教育展望, 2016, 45 (8): 31-42.
❺ 孔凡哲, 史宁中. 教师使用教科书的过程分析与水平测定 [J]. 上海教育科研, 2008 (3): 4-9.
❻ 王世伟. 小学教师使用教科书的情况及其影响因素研究 [D]. 香港: 香港中文大学, 2008.

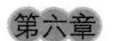

换或重组内容的情况。但无论是教师的"忠实使用"还是"调适使用",过程目标的教学呈现都处于"形式"阶段。即小学数学过程目标的教学解读与教学实践停留在关注形式、忽略实质的阶段,虽然充分表达表象,但没有深入本质和内涵,导致结果目标背后的过程目标挖掘不充分、渗透不饱满。

机械化执行,是指教师对教科书内容的处理刻板生硬,缺乏理性思考,即内容执行紧扣流程,但流程内的关键问题处理不到位。

【课堂实录17】中,学生采用了一种不一样的拼法,转化后图形面积与原面积相等。但面积公式如何得到?教师没有追问,忽略了核心目标。"三角形面积"的核心目标不是转化,而是通过转化获得普适的三角形面积公式。

课堂实录 17　　　课堂教学片段（片段节选）

【师】它（小长方形）是怎么拼的?是把一个直角三角形沿着它的中位线剪下来,把剪下来的小三角形倒着拼在下面,和梯形部分组成了长方形。那我想问:这个拼法中什么东西没变?

【生（齐）】面积。

【师】面积没变,对吧?面积和原来相等,所以只要求出长方形面积就是原来的那个……

【生（齐）】三角形的面积。

【课堂实录1】中,教师通过"小组合作"的教学设计,期望落实"合作问题解决能力",但这种"合作"是一种表层合作,关注"交流与倾听",而不是基于"独立个体"无法完成的情况而寻求"合作解决"一个"真正的问题"。

课堂实录 1　　　课堂教学片段（片段节选）

【师】自己独立操作完成之后,以小组为单位交流自主学习的情况。在交流的过程中,其余同学要认真倾听,把你刚才在学习记录单上的内容进一步地去完善,如果需要改进的,及时调整。

【师】仔细观察,认真倾听。

【课堂实录5】中,学生借助以前的学习经验,已完成从"文字表述"

到"字母表示"的抽象。但由于教师不忍心依据学生实际而删减教学设计，导致过程累赘，破坏了数学抽象的形成机制。

课堂实录5　　　　　课堂教学片段（片段节选）

【师】加法结合律用文字表述好像有点麻烦。有什么好的方法，把它用简洁的式子表示出来呢？

【生1】$(a+b)+c=a+(b+c)$。

……

【师】那么，加法结合律要重点关注的一个符号就是括号，左边表示前两个数的和，右边表示后两个数的和。所以，加法结合律的本质就是改变两个数的位置，改变运算顺序，但不改变它们最后的和，对吧。那我们还有没有其他的表示方法，比如我们把这三个数称为"甲数、乙数、丙数"可以不？

【生（齐）】可以。

【师】那么，这个又怎么表示呢？

【生3】（甲+乙）+丙=甲+（乙+丙）。

【师】都是可以的。但我总感觉用字母表示的方法是比较简单的。（在字母式前写"字母表示"）

教师的实践行为处于"形式阶段"。这是因为，虽然教师对教科书的内容及其过程指引有评价意识，驱使教师在遵循的前提下尝试调适，但由于其对内涵理解不充分，实际操作时处理不得当。过程目标的教学实践，需要同时具备两个条件：一是依附于结果性内容；二是借助于过程性呈现。于是，透过结果理解过程，透过过程看到本质，真正坚持"内容决定形式、形式为内容服务，内容与形式相统一"的基本原理，实践行为才能进入"实质"阶段。

（六）缺乏实质性思考，细节处理不到位

现行小学数学教科书，正在不断完善而趋向"过程性设计"。正如上一章结论所示，北师版小学数学教科书已经呈现了过程目标，有些甚至是高效呈现。过程目标的教学呈现，需要借助知识技能的过程性处理。过程承载经验，但细节才是经验积淀的关键。教师处理教科书内容时，可以读懂过程,但缺乏细节处理的智慧。

所录制的 34 节教学视频中,有 7 节是"三角形的面积"。关于"三角形面积"的内容设计,北师版与人教版都关注了"转化"过程,即在"面积公式"这一结果目标的载体下,设计了从现实生活出发,经历探索过程,获得一类问题的普适性方法的流程。这 7 位教师,遵照教科书的内容与过程指引开展教学,关注探索,强调"转化",值得肯定。但具体教学过程,存在关键问题被忽略或被搁置的问题,导致过程落实不彻底,经验渗透不完全。

课堂实录 1   **课堂教学片段（片段节选）**

【生 10】我们小组汇报的结果是,把两个完全相同的直角三角形拼成了一个长方形。原三角形的底等于长方形的长除以二,原三角形的高等于长方形的宽除以二。原三角形面积等于长方形面积的一半。拼成的长方形的面积等于长乘宽,所以原三角形的面积等于底乘高除二。

【师】有没有给他补充或质疑的?

【生 11】我觉得原三角形的底和高等于长方形的长和宽,不是除以二。

【师】同意吗？大家同意吗？

【生齐】同意。

【师】回去把这个纠正过来。

【课堂实录 14】中,教师在导入时,就以复习的方式特别强调了"割补法"。这一简单的举措,其实已给学生学习奠定了"使用割补方法探索三角形面积"的基调,限制了学生探索更多方法的自由。

过程目标的渗透需要学生自我经历,并通过"表达"解决认知冲突,从而内化。【课堂实录 23】中,教师过多地"替"学生"说",探究前强调关键的"等底等高",探究后又补充转化方法,"剥夺"了学生参与过程、思维表达与经验内化的机会。从复杂语言表达到简单语言表达再到字母表达,是一种"数学抽象"的过程。教师对字母表示一带而过,剥夺了抽象的"过程化",细节处理不到位。

课堂实录 23	课堂教学片段（片段节选）

【生】（齐）：直角三角形，钝角三角形，锐角三角形。

【师】：继续看这两个三角形，他们是一样的吗？

【生】（齐）：完全一样。

【师】：有人说完全一样，你怎么知道他是完全一样的？用眼睛看行吗？不行！数学知识非常严谨，把它们两个重叠在一起，你发现它完全重合吗？完全重合了是吗？那就说明这是两个完全一样的三角形，对不对？完全相同就是完全一样的三角形，那现在我们就来利用手里边的这两个完全一样的三角形，你来拼一拼，摆一摆，看看你能不能拼出我们学过会计算面积的三角形好吗？开始！在桌子上，摆一摆，拼一拼，然后跟你小组的同学说一说你摆的是什么形。

……

【师】这就是为什么"底乘高除以二"。那三角形的面积用字母表示就是 $s=ah\div2$。这是我们刚才通过转化、找关系推导的公式。你们真了不起！真棒！但学无止境。刚才咱们都是把两个完全一样的三角形拼成一个平行四边形或者是长方形。老师再给你们介绍一种方法。老师演示一下：这条虚线是这个三角形的高，从三角形的高的终点画一条平行线，经过旋转，就转化成了平行四边形，也就是把没学过计算面积的三角形转化成了会计算面积的平行四边形。还有一种方法，我们看一下，把一个三角形沿高剪开，剪开之后经过旋转成什么图形？

（七）过多干预或直接告知，使"经历、体验、探索"流于形式

目前，我国中小学学生评价中，学业考试依旧居于重心地位。学生评价的重心需要从学业考试转向素质发展的评价❶。其实，中心转向已经开始，但一线教师的观念还处于"观望"中，虽然认可素质教育，但内心又隐约觉得"抓成绩"并没错。教师评价理念的矛盾性导致教师无意中不自觉地"灌输"，夯实知识技能的基础。因此，在课程目标的实践中，夯实知识技能是基础和关键，落实经验思想、渗透情感态度是"有余力"而为之的事情。

---

❶ 丁念金．学生评价重心：从学业考试到素质发展评价［J］．教育测量与评价，2013（11）：39．

具体教学中，教师过多干预"经历""体验""探索"，"着急"之下"直接告知"，甚至忽略"过程"侧重"识记"重点和解题技术。这些现象在常规课中出现极多。

【课堂实录3】"这月我当家"的"百分数应用"中，数形结合、算理等都需要学生自我经历而获得经验以实现内化，教师统统剥夺了学生的过程性机会，同时"代替"学生表达，没给学生思考的空间。例如，"食品支出占了40份，恰好是500元"的关键信息是教师表达的；"可以用图的形式来表示，我现在画出的这一条线段代表什么？"也是教师提议并操作的。

课堂实录3	课堂教学片段（片段节选）

【师】那实际上就是把他们家的总支出平均分成……

【生齐】平均分成100份。

【师】食品支出占了40份，恰好是500元。

【师】说得非常好。

【师】我们也可以用图的形式来表示，那我现在画出的这一条线段代表什么？

【生齐】总支出。

【师】40%，食品支出500元占总支出的40%，求总支出一共有多少元，你找的等量关系是？

【生齐】总支出的钱数乘40%等于500元。

【课堂实录6】"三角形的面积"中，学生就"如何将三角形转化为学过的图形"的问题，开展小组合作探究。老师巡视并指导，她走到一个小组前"指导""一定要拿形状相同的才可以"，之后"指导"另一小组"拿颜色不一样的"。教师所谓的"指导"，其实是一种过分干预，导致学生体验不足，本质上是教师直接"教会的"，而不是学生借助过程"学会的"。

【课堂实录5】"加法结合律"中，结合律定理中的关键内容，如"位置不变""运算顺序改变"等，以及用生活性例子从"表示意义相同"来验证加法结合律科学合理时，都是教师"告诉"学生的，而不是学生经历过程的自我发现。

课堂实录 5　　课堂教学片段（片段节选）

【师】她提到数的运算顺序变了，一个先算 4+8，另一个先算 8+6，所以运算顺序变了，不变的是什么呢？

【生齐】结果。

【师】数的结果，还有数的……

【生齐】顺序。

【师】数的<u>位置</u>不变，对吧。

……

【师】说得非常好。这两个算式都表示三种水果的总量，那么这两个算式是否相等呢？

【生齐】相等。

【师】<u>因为它们表示的意义是一样的</u>。我们发现他们相等没有通过计算，而是发现它们所表示的意义。

OECD 在 PISA2015 中将"合作问题解决"定位于：个体有效参与由两名或以上成员组成的团队，通过共享理解，达成共识，寻求解决方案，汇集团队成员知识、技能和行动以解决问题的能力。❶ 我国《数学课标 11 版》在课程"总目标"中明确提出：学生要"学会与他人交流合作。……养成……合作交流、反思质疑等学习习惯"。《数学课标 11 版》针对综合与实践的教学建议，更是明确指出"教师在教学设计和实施时应特别关注的几个环节是：问题的选择，问题的展开过程，学生参与的方式，学生的合作交流，活动过程和结果的展示与评价等"。可见，合作问题解决起源于问题解决，指向合作性，聚焦问题解决与合作之间的动态交融❷。如今，"合作"已经成为目标主流：34 节课堂实录中，几乎都采用"小组合作"。但这些"小组合作"只是作为一种教学手段存在，教师强调更多的是"以合作的形式进行交流和倾听"。例如【课堂实录 1】中，教师反复强调"认真倾听"。【课堂实录 1】已经是 34 节课堂实录中较好渗透"合作"的一堂课了。很大一部分课堂实录

---

❶ OECD. *The PISA 2015 Draft Collaborative Problem Solving Framework*［R］. 2013：［2016-10-01］.

❷ 孔凡哲，赵娜. 合作问题解决视角下的数学课程标准的定量研究——基于 PISA2015 CPS 测评框架［J］. 数学教育学报，2017，26（3）：30-38.

第六章 小学数学过程目标在教学中的呈现

中,"合作"是一种"学习之后的交流"。实际教学中,教师虽然意识到"合作"的重要性,但没有理解"合作"的内涵是问题驱动下的共同参与、共同商讨、共同解决而达成一致的过程,导致虽渗透但流于形式的现状。

课堂实录 1　　　　课堂教学片段（片段节选）

【师】自己独立操作完成之后,以小组为单位,组长负责组织全组的同学交流自主学习的情况。在交流的过程中,其余同学要认真倾听,把你刚才在学习记录单上的内容进一步地去完善,如果需要改进的,及时调整。仔细观察,认真倾听。

【课堂实录 26】"乘法"中的"两位数乘一位数"的教学,教师明显在"灌输"进位乘法的算法,反复陈述 6 遍"先算个位,满十进一,先乘后加"的算题技巧。而针对教科书中呈现的借助过程实现算理理解,获得思维经验的编排却忽略不计。

课堂实录 26　　　　课堂教学片段（片段节选）

【师】先相乘再相加。所有人往这儿看,老师再问一遍,先相乘再相加是怎么回事?坐正,抬头,眼睛,身体,列竖式,相同位对齐,12 乘 5 横线,然后怎么样,从个位算起,算什么?

【生齐】2 乘 5。

【师】2 乘 5 等于 10,怎么写?

【生 17】等于 10,写 0 进 1。

【师】把 0 写在个位上,往十位进 1,个位和十位中间进,是吧?和以前的加减法的写法是一样的,二五一十,写 0 进 1,说一遍。

【生齐】二五一十,写 0 进 1。

【师】一定要记住,先乘再加。

【生 18】先用 1 乘 5。

【师】先用十位上的 1 乘 5,一五得五,先乘,你得算出来。

【生 18】5 加 1。

【师】：5 加 1 等于 6,把这个 6 写在十位上,好,请坐,先乘再加。在里面注意两点,一个是 1 别忘了,另一个是在算十位时候,先乘再加,最后结果是60,60元,齐答一遍,答……

【课堂实录7】"分数混合运算"中,教师强调分数乘法中找"单位1"的解题技巧,从而忽视了让学生经历思维活动而掌握分数乘法的算理,以获得分数乘法的关系性理解。

课堂实录7　　　　课堂教学片段(片段节选)

【师】非常好。我国约有660个城市,其中约有2/3的城市供水不足,在这里是把谁看作单位"1"了?

【生齐】660个城市。

【师】660个城市,看作单位"1"。有2/3的城市供水不足,在这些供水不足的城市中,又约有1/4的城市严重缺水,又把谁看作单位"1"?

【生齐】供水不足的城市。

【师】供水不足的城市看作单位"1",全国有严重缺水的城市大约有多少个?实际上在求供水不足的城市的1/4是多少,对不对?

【课堂实录9】"平移和轴对称"中,教师着重反复讲了"两次对称"的技巧,并且希望学生对"一次对称"和"两次对称"的数字进行识记。

课堂实录9　　　　课堂教学片段(片段节选)

【师】所以要想把"9"变成"6",一下是不行的,必须得翻两下。

【生】我侧着翻。

【师】侧着翻也可以,先向右对称一下,再向下对称一下,你记着点儿啊,只有2和5是直接能翻过来的。

【生】老师,10和0也能直接翻过来。

【师】对,10和0也可以直接翻。

【生】老师,8也可以。

【师】8可以。

【生】7也能。

【师】7?7翻不了。好啦,你记住啊,"9"变"6","6"变"9",必须得对称几遍?

【生】 两遍。

【课堂实录11】"圆"的习题课中,教师为学生拓展了环形面积公式。讲解过程中,教师也相应地解释了圆环面积公式的推导过程,但最后还是落在了"识记"上。

课堂实录11　　　　课堂教学片段（片段节选）

【师】那就变成了 π 乘以 R 的平方和 r 的平方的差,这就是环形的面积公式。你不要死记硬背,就记住环形的面积是大圆的面积减去小圆的面积。那么在计算的过程中一定要想着把 π 提取出来,对不对?好了,把这个公式写在17页圆环面积旁边。环形面积公式原来的书上都是有的,现在这个北师版没有,我们给加进来了。得重视啊！也像书上一样,用记号笔给它涂上颜色,相当于它是一个公式,很重要的公式。数学这个公式不要死记硬背,老师一直在强调这个推理推导过程,你要把这个过程记住了,你今天忘了,还可以再推导出来。

【课堂实录16】"分数混合运算"中,教师让学生通过诵读来达到识记"一个数的几分之几用乘法",典型的"灌输"解题战术,忽略分数乘法的内涵。

课堂实录16　　　　课堂教学片段（片段节选）

【师】好,大家把这句话齐读一遍,预备起。
【生齐】求一个数的几分之几是多少,用乘法来计算。

【课堂实录26】"乘法"中,教师明显在"灌输"进位乘法时"先算个位,满十进一,先乘后加"的答题技术,程式化的叙述算理,并要求学生重复以识记。而忽略要通过"经历（感受、尝试）""体验（体会）""探索"来积累"算理"经验。

课堂实录26　　　　课堂教学片段（片段节选）

【师】相同数位对齐是吧,从个位算起。

【生齐】三六十八，写8进1，一六得六，6加1等于7

【师】一六得六，加1得7。千万别忘了，先乘后加，最后的结果就是……

【生齐】78元。

【师】78元。答，预备，齐。

【生齐】13人一共需要78元。

【课堂实录27】"乘法结合律"的教学中，教师以复习乘法交换律为导入。学生列举实例说明乘法交换律的过程中，有学生提出"$\frac{2}{4} \times \frac{5}{3} = \frac{5}{3} \times \frac{2}{4}$"，也有学生提出"8.3×3.5＝3.5×8.3"，分数乘法和小数乘法，学生还没有接触。教师处理时，"好心"将分数乘法和小数乘法的算题技术讲给学生。但正是这种"好心"讲解，使得学生提前获得"算题"能力，学生可能因为提前掌握"新本领"而雀跃，但这种提前"灌输"，却剥夺了学生后期探索分数乘法和小数乘法算理的兴趣和动力，进而明白其真正的内涵。算理的探索，本质上是一种思维经验的培养。

课堂实录27　　　　　**课堂教学片段（片段节选）**

【师】我们没有接触过分数的乘法。现在这位同学写出来了，你们可能无法印证它，对不对？那我教你们最简单的方法，这个乘法超级简单，分母乘分母，分子乘分子。

……

【师】小数乘法也超级简单。

【生齐】把小数点代进去。

【师】对，先代入小数点算，我们是不是就算83乘35？

【生齐】对。

【师】那这边是不是算35乘83？

【生齐】对。

【师】然后它是一共两位小数，小数点是从右往左数两位，点上小数点。那就是几点几，这边也一样，几点几。都是用83和35的乘积，从后面往左数两位，点上小数点。你说乘积相不相等？

……

【师】大家把数学书打开。乘法、除法、加法、减法都有运算定律，我们慢慢都会学习。打开到 50 页。动作迅速，请同学们找出中间部分，最重要的部分，你找没找到？
【生齐】找到了。
【师】找到等号里的用 a 和 b 代表两个数，然后两个运算定律，画下来，两个运算定律。

三、小学数学过程目标教学呈现的现实困境

过程目标教学现状的考察表明，过程目标的教学落实整体不甚理想，有待进一步发展。以上分析还原了过程目标在具体教学过程中的真实情境，也揭示了一些现实困惑及原因。

（一）小学数学教科书中过程目标缺失，导致落实无抓手

教科书在教学实践中处于主导地位，是教师教学的主要参考。在与一线教师交流的过程中，无论是经验丰富的教师还是新入职的教师几乎一致表明，教科书是他们组织教学的主要依据和重要抓手。但如前所述，在国内占主流的各版本小学数学教科书中，北师版小学数学教科书作为"关注过程目标"的公认代表（之一），对过程目标的呈现尚且不够完善，其他版本的教科书想必也有待提升。教科书的主导地位与内容不完善间的落差，导致过程目标教学陷入落实困境。

（二）教师教科书解读能力不足，导致落实失真

在与教学实践有关的众多因素中，教师是最为关键的一个。过程目标是在数学课程由"知识技能"走向"思想方法"再走向"核心素养"的背景下提出的，只有它真正进入课堂才能发挥价值。这一过程中，教师是重要主体和中坚力量，是过程目标能否顺利落实，素养能否适切提升的核心。然而，从以上分析发现，教师对教科书的解读能力尚有不足。虽然绝大多数的教师已经认识到正确理解教科书设计意图的重要性，但鉴于多重因素，尤其是一线教师与教科书编者之间缺乏直接对话，直接导致教师无法正确解读或者片面解读的情况出现。更为重要的一个核心因素在于：一线教师普遍将与教科书配套的"教学参考书"作为解读教科书的基本依据，而缺乏"课程标

准"的高位引领。"一标多本"背景下的教科书,仅仅是教材编者的"理解课程",并非"权威"。各版本的教科书即使是经过全国中小学教科书审定委员会审定的教科书,也未必代表其内容与课程标准相吻合。由于缺乏"课程标准"的高站位,教师对教科书解读会出现"不识庐山真面目,只缘身在此山中"的尴尬境地。

(三) 教学环境的"私有性"常态,导致落实有差

自教学产生以来,教学环境便存在"私有性"。无论是"个别教学"还是"集体教学",教学始终是在由教师与学生组成的私有环境中的个别行为。换句话说,教学环境中缺乏"重要利益相关者",即"能够影响上个组织目标实现或能够被组织实现目标的过程影响的人"❶,包括学生家长、同行、学校领导、教育监督者等。常规教学中,由于重要利益相关者的缺场,监督缺失,教学成为教师的"个体行为",会无意识地采用最"简单"的方式实现"最大化"效益,即更多关注知识技能,而忽略过程性内容。在公开课中,由于同行或领导还有家长等重要利益相关者的到场,教学环境从"私有"变成"公开",教学行为从"教师的个别行为"变为"教师的展示机会",面子与利益的共同驱使,教学会最大程度的"迎合""社会标准",即"不再教知识技能,要关注学生智慧成长"。这样很好地解释了上节中"过程目标的教学落实质量在公开课与常态课中呈两极分化"的现象。但需要说明的是,理论上而言,学生是教学的核心利益相关者。但学生的未成熟特性使得其"影响"作用忽略不计。

四、过程目标教学落实的相关建议

(一) 教科书的发展完善是核心

小学数学过程目标在实际教学中落实效果差,最为关键的原因在于教科书主导地位与内容不完善之间的落差。课改背景下,我们要求从认识与行动上打破教科书作为唯一课程资源的神话。但实际上,限于多方面原因,教科书在教学实践中,依旧占有重要地位。从"一标多本"政策实施以来,教师与教科书之间的关系逐步由"忠实执行"向"创造性使用"转变。但这样的

---

❶ 杨瑞龙,周业安. 企业的利益相关者理论及其应用 [M]. 北京:经济科学出版社,2000:129.

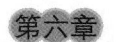

转型并没有完全实现。一方面是因为"考试文化"的根深蒂固，教师需要所谓的"权威"引领；另一方面是因为"知识为本"时代下的教学依旧是教师主体，无法快速适应新时代。鉴于此，教师的教学只能是"基于教材的有限创生"。随着基础教育课程改革的推进，国家范围内实现了教材多样化，各版教科书无论从编写理念还是内容设计上都不尽相同，这在理论上为教师提供了创生的"资源包"（每一版教材是一种教学资源）。但实际上，教师使用哪版教科书很大程度上取决于学校，更为关键的，一个学校或者一名教师选择了哪版教科书，多数情况下，不会再参照其他版本的教科书。因此，实践中，教科书依旧是"工具"而非"资源"。在与一线教师的交谈中了解到，他们创生的参考基本来自教科书以及与之配套的教学参考用书，课程标准只是定期学习，并不直接指导教学。这样的创生往往是教材编者对教材的解读，缺乏高站位的引领。面对如此现实，最可行也是见效最快的途径，就是促进教科书的发展与完善。既然教科书是教师实施教学的核心抓手，教科书的发展与完善就迫在眉睫。教科书越优质，教师越有抓手，教学就越有效。以过程目标为要点设计过程为本的教科书，是当下教科书发展与完善的必然走向，这也是实现过程目标高效落实的核心。

（二）教师的自我改进是关键

过程目标的落实，本质上是"过程目标"规定下的教学改革。这一改革的推动，核心作用者是教师，需要教师完成从理论积累到具体实践的内化过程。这是一个从外到内、由内而外的过程。其中，教师自身的内驱力是关键。只有教师将"过程目标"看作是教学的归属，认同"过程目标"落实是实现"素养发展"的主要途径，才能从根本上激活其自主发展的内动力。只有教师完成内化，才能获得"过程目标"的实践智慧。教学是一个动态的即时过程，过程目标的教学更是如此，不是教学计划和预设的简单应用，是时间、空间、行为的集合现象，需要教师的教学机智。教学机智是指教师在教学过程中，能够根据不断变化的时空及行为随机但恰当处理的能力，包括找到关键点的润物细无声，包括无条件创造条件的"刻意设计"，也包括悬置的冷处理，等等。总之，过程目标的高效落实，关键在于促进教师从"我应该"转化为"我想要"，做到真正意义上的"内在接受"，获得真正的发展与提升。

(三) 学校氛围的营造是基础

学校是教师落实过程目标的基本依靠。学校管理层面的的指引与支持，是教师有效落实过程目标的最重要的条件。从当前实际来看，学校对核心素养时代下的教学改革缺乏有效且务实的指导。具体表现在两个方面：一方面是学校没有给予教师自我发展的机会与平台，据了解，"集体备课"是众多学校提升教学的选择，这确实有助于提升教师的教学水平。但类似于"集体备课"这类校级行为，最核心的弊端在于缺乏"高位引领"，也就是说，即使"集体"中有优秀教师甚至名师（这种情况少之又少），他们也只是"理解课程"的主体，而非"理想课程"或"文本课程"的主导者，缺乏上位理论；另一方面是学校没有营造一种"全民实践"的氛围，"什么样的学校环境决定什么样的教师"，如果一所学校将"素养发展"作为学校灵魂，势必会从课程、教学、课堂、校园、校长、教师，甚至家长全方位抓起，从而造就全覆盖式的发展共同体，在"专业理念先行、专业培训支撑、专业行为指导"的道路上实现"素养"环境的构建。总之，只有学校在政策上、思想上，以及方法上、物质上，甚至精神上对教师落实"素养"给予高效支持，过程目标的教学落实才能获得质的提升。

(四) 社会环境的改善是保障

教育的社会环境不可避免的会影响教学。所谓教育的社会环境，是指社会大众的教育价值取向。正如笔者在深入一线课堂的时候，曾向众多一线教师询问过"是什么影响你的教学由重知识技能转变为重方法过程"的问题，很多老师都表明是"大环境的变化"。这里的"大环境"就是教育的社会环境。不可否认，无论是《数学课标11版》提出的"基本思想""基本活动经验""四能"及"数学思考""问题解决""情感态度"，甚至"数感"等10个核心词，还是2016年《中国学生发展核心素养》提出的"人文情怀"等18个素养要点，都已深入每一个教育者的内心，他们正在积极主动地顺应教育的社会环境，包括教师。但不能忽视的是，当下的教育社会环境还处于形成期，这也是过程目标教学落实不甚理想的重要原因。归结起来，主要表现在两个方面：一方面是"唯分数论"的考试文化根深蒂固，通过考试选拔人才依旧是我国乃至世界的基本国情。而这种制度生态已然成为一种精神生态，教师沦陷于"分数"中无法抗衡，甚至遭受着社会各界"成绩+素养"

的双重要求的高压；另一方面是，实用主义的功利文化根深蒂固，"万般皆下品，唯有读书高"的流行或许有追求知识的情怀，但更多是寒苦出身者突破阶层成为"人上人"的唯一路径。进入"物欲横流"的21世纪，教育的功利主义愈演愈烈，读书是为了高分数、好大学、好工作，已成为一条铁的逻辑链，教师作为直接责任人，只能维护逻辑链的顺畅。可见，教育社会环境的净化是教学改革，尤其是素养落实、过程目标教学改进的重要保障。只有当考试文化走向发展文化，功利文化走向精神文化，过程目标的教学实践才能拥有宽松自由的环境。

第七章 小学数学过程目标研究的基本结论与讨论

21世纪以来，我国课程改革经历了两次质变：一次是2001年的"双基"走向"三维"；另一次是2016年的"三维"走向"素养"。"双基"指基础知识和基本技能。"三维"则可以准确表述为"知识与技能、过程与方法、情感态度价值观"。"素养"则是指"必备品格和关键能力"。"素养"之于"三维"、"三维"之于"双基"是一种继承与超越。这种继承与超越迫使课程目标开始兼顾"结果目标和过程目标"。正如《数学课标11版》中明确表达"数学课程目标包括结果目标和过程目标"。现行数学课程与教学中，结果目标的落实已相对成熟，但过程目标规定下数学课程与教学如何调适与更新，以适应和满足课程目标的发展，是摆在课程深化改革阶段的一个新挑战。同时，课程改革的成效一直是一个核心话题。

过程目标，是与结果目标对应出现的概念，是指学生参与数学活动以获得数学经验的过程预期。《数学课标22版》中规定了描述过程目标的行为动词："经历（感受、尝试）""体验（体会）""感悟""探索"。研究基于此，将课程改革进程中的过程目标作为主体，确立了研究问题：小学数学过程目标的呈现研究。以小学数学学科为切入点，采用量化与质化分析的方法，从内涵诠释、课程标准规定、教科书呈现、教学呈现4个方面进行探讨，以期明晰小学数学过程目标的内涵结构与基本要求，尝试获得其在教科书及教学中呈现的具体样态。

研究过程包括四项内容：

第一阶段基础研究主要包括两项内容：一是数学过程目标概念内涵的界定，主要运用文献分析法；二是小学数学过程目标在数学课程标准中的规定分析，主要运用内容分析法。

第二阶段主体研究主要包括两项内容：一是分析小学数学过程目标的教科书呈现；二是分析小学数学过程目标的教学呈现。在对过程目标内涵进行深度解读的基础上，构建小学数学过程目标教科书/教学呈现分析框架，运用专家咨询法，对目的性抽样选择的各 15 位专家（共 30 位）进行专家咨询加以确认，分别邀请 3 位分析员（共 5 位，包括研究者）利用分析框架分别对北师版 6 册 12 本小学数学教科书和 D、J、Z 三所学校的 34 节课堂教学视频进行编码，运用内容分析法和视频分析法，在保证内容分析信度的基础上进行具体分析。

一、小学数学过程目标研究的基本结论

对数学课程标准、现行北师版小学数学教科书以及 34 节课堂教学中的过程目标进行定量刻画，得出如下结论。

第一，过程目标是数学课程目标必要且重要的组成部分，其与结果目标共同构成落实数学核心素养的基础与条件。过程目标的核心是经历数学过程，载体是数学活动，终极指向是数学经验。即学生需要在参与数学活动，经历"数学化"的过程中积淀数学活动经验，形成数学直观。过程目标有等级水平之分，不同等级水平的过程目标对课程教学和学生发展有不一样的要求。

首先，过程目标发展的"上升"之态，是一种"要重视，须行动"的信号。一方面要开发过程型课程教材，强化核心素养落实；另一方面要对课程教材做过程化处理，深入理解课程标准，系统掌握过程目标，依据具体学情，运用自身理论与实践经验开展过程型教学。其次，过程目标在"学段目标"中的规律性呈现，以及在"课程内容"中的差异呈现，给予教材编者与一线教师一定的教材处理与教学实践指导。一方面，针对高低学段要有区别，即低学段的教师要有意识地创造活动让学生多尝试、多经历、多感受，获得直接经验与感性认识，而高学段的教师应更侧重引领学生去探索、去感悟，获得理性认识；另一方面，针对数学课程四大内容领域要有差异，例如，要深入挖掘"数与代数"的相关内容，促发学生的探索经验与感悟生成，要着重剖解"图形与几何""统计与概率""综合与实践"的相关内容，引领学生积极尝试，切身经历，勇于探索，引发学生的直观感受与理性感悟。

第二，北师版小学数学教科书中，过程目标落实停留在"感官认知"层

第七章 小学数学过程目标研究的基本结论与讨论

面（占总体的 80.9%），而对"经历""体验""探索"的关注略少（其中，"探索"最多，占 12.0%）。过程目标的年级分布、内容领域分布与总体分析一致。

研究发现：北师版小学数学教科书中，过程目标出现 1518 次。指向"感官认知"层面的共 1228 次；"经历（感受、尝试）""体验（体会）""探索"共呈现 290 次，仅占总量的 19%，其中"探索"最多，占 12.0%。不同年级中，指向"感官认知"的所占比例从 75% 至 86%，"探索"所占比例在 10% 左右。不同内容领域中，指向"感官认知"层面的所占比例在 56% 至 87%，"探索"所占比例多在 20% 左右。过程目标的年级分布、内容领域分布与总体分布一致。

第三，34 节教学实录中，过程目标的落实呈两极分化，即"不落实"或"重'探索'"。这种分化差异在不同课型（常规课和公开课）、不同内容领域（数与代数领域和图形与几何领域）和不同年级（三年级和四、五、六年级）上体现得更明显。

研究发现：34 节课堂实录中，落实"探索"的共 16 节，而没有落实过程目标的也有 11 节，总体呈两级分布；数与代数领域的 21 节课堂实录中，没有落实过程目标的就达到总课数的 47.6%，而图形与几何领域的 11 节课堂实录中有 10 节落实了"探索"；三年级的 5 节课堂实录中，4 节没有落实过程目标，而四、五、六年级的课堂实录都侧重"探索"目标的落实，分别为 5 节、7 节、5 节，即低年级多"经历（感受）"，高年级多"探索"；17 节常规课中，没有落实过程目标的达 10 节之多，只有 5 节落实了"探索"目标，而 17 节公开课中，有 11 节落实了"探索"，5 节落实了"体验（体会）"，即不同课型对过程目标的呈现存在差异。

第四，34 节课堂教学中，过程目标的层级要求很大程度上（22）与教科书呈现一致。另外，也存在"高于教科书"的情况，但多出现在公开课上，尤其是数与代数领域。

研究发现：34 节课堂教学中，过程目标的呈现，与教科书呈现水平一致的共 22 节，高于的只有 3 节。17 节公开课中，呈现一致的共 13 节，高于的有 2 节，17 节常规课中，呈现一致的共 9 节，高于的有 1 节；21 节涉及数与代数领域的课堂实录中，呈现一致的共 11 节，高于的有 2 节，11 节涉及图形与几何领域的课堂实录中，呈现一致的共 10 节；5 节涉及三年级的课堂实录中，呈现一致的只有 1 节，10 节涉及四年级的课堂实录中，呈现一致的共 7 节，高于的只有 1 节，9 节涉及五年级的课堂实录中，呈现一致的共 8 节，10 节涉及六年级的课堂实录中，呈现一致的共 6 节，高于的有 2 节。

第五，数学教科书和教学在过程目标呈现中也存在一些困境。针对教科书而言，教科书空间的限制，导致呈现无法实现资源化；教科书文本属性的限制，导致呈现缺乏立体效用；教科书更新时间与效益的双重压力，导致呈现存在滞后性。针对教学而言，落实偏重"思想方法"，忽略情感态度价值观；落实尚在"形式"阶段，存在机械化处理现象；落实意愿强烈，但操作无力；尝试自主设计，但存在内涵理解不充分的表层重构；缺乏实质性思考，细节处理不到位；过多干预或直接告知，使"经历、体验、探索"流于形式。

二、关于小学数学过程目标研究的进一步讨论

（一）以过程目标为要点重构数学课程文本，是当下及未来课改的关键

我国的数学课程发展正处在"四基并重，强调四能"向"素养统筹"的过渡阶段，在"三维目标"甚至"素养目标"的视域下，以过程目标为要点重建课程内容是当下及未来课程改革的亮点。数学课程内容应以"结果为基、过程为重"为核心进行重构。

结果目标应为夯实之基，数学知识技能是人们认识客观世界的物质成果，是数学科学的劳动成果和产品，负载着数学思想、数学方法、数学精神等，是过程目标的基础，没有结果承载的过程就像无本之木、无源之水，缺少现实实体，课程只有具备了结果目标，才能承载应有的过程目标，"指向素养成长"的课程教材才能浑然天成。过程目标应为统领之重，结果目标是过程目标存在的基础，而过程目标则是结果目标的最终归属，如果没有过程目标的统筹，课程内容的实体就不可能超越"知识堆积"的现状，在给予知识技能的同时促进素养成长也就无从谈起。也就是说，课程教材的编写应该在保证"结果"的基础上，以恰当且合理的容量引入过程目标。立足结果目标，着力过程目标，应该是课程重构的核心环节，也是理性与高效面对素养现实的一条可行之径。

第七章　小学数学过程目标研究的基本结论与讨论

(二) 过程目标视角下，小学数学教科书仍需发展与完善

过程目标教科书呈现研究表明，过程为本的教科书设计在一定范围内是可行的。但是过程为本教科书设计的完善工作仍是当务之急。北师版小学数学教科书对于过程目标的呈现虽在很大程度上符合甚至高于数学课程标准中关于过程目标的规定，但仍需完善。其他版本的教科书应该也有类似境遇。之所以如此，一个重要的事实就是，当前国内现行的各版本的小学数学教科书几乎都是根据 2001 年出版的课程标准研制、按照《数学课标 11 版》进行小修小补，不能完全优质呈现过程目标也在情理之中。因此，在素养愿景下，小学数学教科书的发展空间依然很大。

虽然立足"素养"完善过程为本的教科书设计并不遥远，但究竟如何完成这项艰巨任务仍在未知中。❶ 但核心素养的培养不能因为教科书设计的停滞而搁置。总之，结果为本的教科书，的确能够达成培养扎实的基础知识、基本技能的使命，但过程为本的教科书，才能实现知识技能、过程方法、情感态度价值观的课程目标，而中国学生发展核心素养的落实，更需要过程为本的教科书。这是当下我国中小学教科书发展的必然走势。

(三) 过程目标的教科书呈现，要在坚持指导思想、符合目标定位、把握基本原则的基础上科学设计、理性规划

过程目标的教科书呈现应突出坚持两个指导思想，即发挥过程目标对结果目标的强化价值和对数学核心素养形成的作用；要符合两个目标定位，即夯实数学基础和积淀数学经验；要遵从三个基本原则，即"标准化"原则、循序性原则和利教性原则。

过程目标的教科书呈现要高于课程标准规定，至少保持一致。过程目标从课程标准到教科书是不同层级课程中不同课程类型间的课程转化，转化过程中的"衰减"会导致"课程落差"。保证教科书呈现高于课程标准规定，是弥补"衰减"的主要途径。过程目标的教科书呈现要确保内容适切性，立足过程目标自身规定性，权衡数学学科的内容属性。过程目标的教科书呈现要符合阶段发展性，体现学生的阶段发展性和学习的发生脉络性。

---

❶ 孔凡哲，史宁中. 中国学生发展的数学核心素养概念界定及养成途径 [J]. 教育科学研究，2017 (6)：5-11.

（四）教科书、教师与教学环境是过程目标教学落实的影响因素，也是其落实效果提升的关键内容

如前所述，现行教科书对过程目标的呈现尚有不足，直接导致将其作为教学主要参考的教师无直接抓手，这是过程目标陷入落实困境的直接原因；一线教师将教学参考书作为解读教科书的基本依据，缺乏课程标准的高位引领，导致教师教科书解读能力不足，这是过程目标落实失真的核心因素；实际教学以常态课为主，常规教学环境具有"私有性"，导致教学行为成为教师"个人行为"，这是过程目标落实有差的关键因素。

加强过程目标在教科书中呈现与教学中的落实需要多方合力：教科书需要进一步完善，只有教科书实现了以过程目标为要点的全新设计，过程目标的教学落实才有本可依；教师需要进一步自我改进，只有教师完成从理论积累到具体实践的内化发展，过程目标的教学落实才能高效开展；学校需要进一步营造氛围，只有学校从课程、教学、课堂、校园、校长、教师，甚至家长全方位建构"素养"环境，在政策上、思想上、方法上、物质上，甚至精神上给予教师支持，过程目标的教学落实才能有基可靠；教育社会环境需要进一步优化，只有社会环境从考试文化走向发展文化，功利文化走向精神文化，过程目标的教学实践才能拥有宽松自由的环境。

参考文献

[1] 孔凡哲. 教科书质量研究方法的探索——以义务教育数学课程标准实验教科书为例 [M]. 北京: 人民教育出版社, 2008.

[2] 靳玉乐. 现代课程论 [M]. 重庆: 西南师范大学出版社, 1995.

[3] 约翰·杜威. 学校与社会·明日之学生 [M]. 赵祥麟, 等译. 北京: 人民教育出版社, 2005.

[4] 教育大辞典编委会. 教育大辞典（第一卷）[M]. 上海: 上海教育出版社, 1990.

[5] 布鲁纳. 教育过程, 布鲁纳教育论著选 [M]. 邵瑞珍, 译. 北京: 人民教育出版社, 1989.

[6] 施良方. 课程理论: 课程的基础、原理与问题 [M]. 北京: 科学教育出版社, 1996.

[7] 杜威. 我的教育信条 [M]. 杨小微, 罗德红, 编译. 上海: 华东师范大学出版社, 2015.

[8] 小威廉·E. 多尔. 后现代课程观 [M]. 王红宇, 译. 北京: 教育科学出版社, 2015.

[9] 汪霞. 课程研究: 现代与后现代 [M]. 上海: 上海科技教育出版社, 2003.

[10] 顾明远. 教育大辞典（增订合编本）[M]. 上海: 上海教育出版社, 1998.

[11] 廖哲勋. 课程学 [M]. 武汉: 华中师范大学出版社, 1991.

[12] 丁念金. 课程论 [M]. 福州: 福建教育出版社, 2006.

[13] 钟启泉. 现代课程论（新版）[M]. 上海: 上海教育出版社, 2015.

[14] 泰勒（Tyler, R.W.）. 课程与教学的基本原理 [M]. 罗康, 张阅, 译. 北京: 中国轻工业出版社, 2008.

[15] 黄甫全. 现代课程与教学学程（下册）[M]. 北京: 人民教育出版

社，2006.

[16] 艾伦·C. 奥恩斯坦，费朗西斯·P. 汉金斯. 课程：基础、原理和问题 [M]. 柯森，译. 南京：江苏教育出版社，2002：254.

[17] 钟启泉. 课程论 [M]. 北京：教育科学出版社，2007：164.

[18] 乔治·J. 波斯纳. 课程分析 [M]. 上海：华东师范大学出版社，2007.

[19] 林智中，陈健生，张爽. 课程组织 [M]. 北京：教育科学出版社，2006.

[20] 塔巴. 内容的选择和组织 [M]. 瞿葆奎，译. 教育学文集·课程与教材（上）. 北京：人民教育出版社，1988.

[21] John D. McNeil. 课程导论 [M]. 谢登斌，陈振中，译. 北京：中国轻工业出版社，2007.

[22] 陈玉琨，沈玉顺，等. 课程改革与课程评价 [M]. 北京：教育科学出版社，2001：89-90.

[23] 丁朝蓬. 新课程评价的理念与方法 [M]. 北京：人民教育出版社，2003：104.

[24] 黄政杰. 课程评鉴 [M]. 中国台北：师大书苑，1994.

[25] 弗赖登塔尔. 作为教育任务的数学 [M]. 陈昌平，唐瑞芬，等译. 上海：上海教育出版社，1995.

[26] 中国社会科学院语言研究所词典编辑室. 现代汉语词典 [M]. 5版. 北京：商务印书馆，2005.

[27] 舒新城，等. 辞海（据1936年版缩印）[M]. 北京：中华书局，1981.

[28] 阿尔弗雷德·诺斯·怀特海. 过程与实在宇宙论研究 [M]. 杨富斌，译. 北京：中国城市出版社，2003.

[29] 张华. 课程与教学论 [M]. 上海：上海教育出版社，2000.

[30] 教育部制订. 全日制义务教育数学课程标准（实验稿）[M]. 北京：北京师范大学出版社，2001.

[31] 郑毓信. 数学文化学 [M]. 成都：四川教育出版社，2001.

[32] 全美数学教师理事会. 美国学校数学教育的原则和标准 [M]. 蔡金法，等译. 北京：人民教育出版社，2004.

[33] 全美州长协会和首席州立学校官员理事会. 美国州际核心数学课程标准：历史、内容和实施 [M]. 蔡金法，孙伟，等译. 北京：人民教育

出版社，2016.

[34] 曹才翰，蔡金法．数学教育学概论［M］．南京：江苏教育出版社，1992.

[35] 邓东皋，孙小礼，张祖贵．数学与文化［M］．北京：北京大学出版社，1990.

[36] 林崇德．21世纪学生发展核心素养研究［M］．北京：北京师范大学出版社，2016.

[37] 孔凡哲，张恰．教科书研究方法与质量保障研究［M］．长春：东北师范大学出版社，2007.

[38] 课程教材研究所．20世纪中国中小学课程标准·教学大纲汇编数学卷［M］．北京：人民教育出版社，2001.

[39] 周小山，雷开泉．新课程视野中的数学教育［M］．成都四川大学出版社，2003.

[40] 陈麒先．初中数学教师过程目标落实现状的调查研究［D］．岳阳：湖南理工学院，2018.

[41] 张静．基于过程视角的高中数学教学设计研究［D］．乌鲁木齐：新疆师范大学，2013.

[42] 吴雪．中学数学教学过程目标实现条件和评价体系研究［D］．长春：东北师范大学，2012.

[43] 张美玲．初中数学教师对过程目标认识程度的调查分析［D］．沈阳：沈阳师范大学，2012.

[44] 邢向东．基于过程目标的数学课堂教学设计研究［D］．重庆：重庆师范大学，2011.

[45] 王晓荣．高中历史课程过程目标研究［D］．金华：浙江师范大学，2010.

[46] 谢伟华．能力目标的过程性评价在初中生物实验教学中的应用研究［D］．长沙：湖南师范大学，2007.

[47] 田伟芳．数学过程性教学案例研究［D］．上海：华东师范大学，2005.

[48] 王晓民．中学数学知识发生过程教学的研究［D］．西安：陕西师范大学，2002.

[49] 陈麒先．初中数学教师过程目标落实现状的调查研究［D］．岳阳：湖

南理工学院，2018.

[50] 陈铁成．现代课程知识价值观的反思与重构［D］．长春：东北师范大学，2013.

[51] 陆幸意．数学素养视角下的初中数学教科书评价［D］．金华：浙江师范大学，2015.

[52] 宋乐乐．数学文化在小学数学教科书中的呈现研究［D］．长春：东北师范大学，2012.

[53] 李丹．数学文化在小学数学教科书中的呈现研究［D］．南京：南京师范大学，2016.

[54] 史宁中，马云鹏，刘晓玫．义务教育数学课程标准修订过程与主要内容［J］．课程·教材·教法，2012，32（3）：50-56.

[55] 史宁中．注重"过程"中的教育——《义务教育数学课程标准》修订的若干思考［J］．人民教育，2012（7）：33.

[56] 马云鹏，余慧娟．数学："四基"明确数学素养——《义务教育数学课程标准（2011年版）》热点问题访谈［J］．人民教育，2012（6）：40-44.

[57] 张汉林．谁的"过程与方法"——三论"过程与方法"目标［J］．中学历史教学，2007（7）：25-26.

[58] 黄翔，童莉．获得数学活动经验应成为数学课堂教学关注的目标［J］．课程·教材·教法，2008（1）：40-43.

[59] 景敏，孔凡哲．关于数学新课程的过程目标［J］．中学数学，2005（7）：1-4.

[60] 吴群志．数学课程改革中的过程目标及其实践问题［J］．数学教育学报，2004，13（1）：52-55.

[61] 余建国．如何在数学概念教学中实现"过程目标"［J］．数学通讯，2013（10）：1-4.

[62] 叶澜．让课堂焕发出生命的活力［J］．教育研究，1997（9）：3-7.

[63] 叶澜．重建课堂教学价值观［J］．教育研究，2002（5）：3-7.

[64] 俞泰鸿．高中数学教学中实施过程目标的实践与思考［J］．数学通报，2011，50（1）：6-28.

[65] 郭元祥．论教育的过程属性和过程价值生成性思维视域中的教育过程

观［J］．教育研究，2005（5）：3．

［66］柏毅，林娉婷．合作问题解决的概念建构——基于 PISA2015 过程目标的研究［J］．外国中小学教育，2016（3）：52-56．

［67］史宁中．推进基于学科核心素养的教学改革［J］．中小学管理，2016（2）：19-21．

［68］史宁中，柳海民．素质教育的根本目的与实施路径［J］．教育研究，2007（8）：13．

［69］孔凡哲．基本活动经验的含义、成分与课堂教学价值［J］．课程·教材·教法，2009（3）：34．

［70］孔凡哲，史宁中．中国学生发展的数学核心素养概念界定及养成途径［J］．教育科学研究，2017（6）：5-11．

［71］张奠宙，等．"基本数学经验"的界定和分类［J］．数学通报，2008（5）：4-5．

［72］郭玉峰，史宁中．"数学基本活动经验"研究：内涵与维度划分［J］．教育学报，2012，8（5）：23-28．

［73］孔凡哲，赵娜．合作问题解决视角下的数学课程标准的定量研究——基于 PISA2015 过程目标测评框架［J］．数学教育学报，2017，26（3）：30-38．

［74］霍秉坤．教科书使用研究框架的评析［J］．全球教育展望，2016，45（8）：31-42．

［75］孔凡哲，史宁中．教师使用教科书的过程分析与水平测定［J］．上海教育科研，2008（3）：4-9．

［76］喻平．论内隐性数学课程资源［J］．中国教育学刊，2013（7）：60．

［77］高凌飚．教材分析评价的模型和层次［J］．课程·教材·教法，2001（3）：5．

［78］陈桂生．"课程"辨［J］．课程·教材·教法，1994（11）：1-5．

［79］陈侠．课程研究引论［J］．课程·教材·教法，1981（3）：7-12．

［80］陈佑清．课程即发展资源——对课程本质理解的一个新视角［J］．课程·教材·教法，2003（11）：10-14．

［81］丁念金．课程内涵之探讨［J］．全球教育展望，2012，41（5）：8-14，21．

[82] 刘海民．"整体 1"是优选课程内容的基础［J］．教育科学，1993（2）．

[83] 魏佳，罗萍萍．回顾与反思：小学数学教科书研究综述（2001—2010）［J］．课程·教材·教法，2012，32（2）：55-61．

[84] 中华人民共和国教育部制定．义务教育数学课程标准（2011年版）［S］．北京：北京师范大学出版社，2012．

[85] 赵娜，孔凡哲，史宁中．中美中小学数学课程标准的定量比较研究——基于合作问题解决（CPS）的视角［J］．教育理论与实践，2017，37（19）：46-52．

[86] 赵娜，孔凡哲，史宁中．基本活动经验视角下数学教科书的定量研究——以北师版小学数学教科书为例［J］．教育理论与实践，2019，39（8）：40-43．

[87] 赵娜，孔凡哲．数学教科书渗透数学价值观的定量研究［J］．上海教育科研，2019（4）：58-62．

[88] 赵娜，孔凡哲．新中国成立70年小学数学课程内容的发展历程、趋势与诉求［J］．教育学报，2019，15（6）：34-39．

[89] 赵娜，孔凡哲，黄朔．过程目标视域下小学数学课程教材的测评与分析［J］．教育理论与实践，2022，42（29）：38-42．

[90] KLAUS K. Content Analysis［M］．Los Angeles：Annenberg School for Communication Departmental Papers，1989．

[91] WILLIAM F P，WILLIAM M R，PATRUK S，et al. Understanding Curriculum［M］．New York：Peter Lang Publishing Inc，1996：101．

[92] EDITORS-IN-CHIEF，TORSTEN H，NEVILLEPOSTLETHWAITE T. The international encyclopedia of education.：research and studies：v. 2. c［M］．Oxford：Pergamon，1982．

[93] HALBERSTAM D. The fifties［M］．New York：Villard Books，1993．

[94] MCCUTCHEON G. What in the world is curriculum theory?［J］．Theory Into Practice，1982，21（1）：18-22．

[95] LEWY A. The International encyclopedia of curriculum［M］．1st ed. Oxford：Pergamon Press，1991．

[96] MARSH，COLIN J，MORRIS，et al. Curriculum development in East Asia

[M]. London: Falmer, 1991.

[97] BRADY L. Curriculum Development (3rd ed.) [J]. Australia: Practice Hall Ltd, 1990: 92.

[98] MARSH C, WILLIS G H. Curriculum: Alternative approaches, ongoing issues [M]. New Jersey: Prentice-Hall, Inc, 1989.

[99] REMILLARD J T, BRYANS M B. Teachers' orientations toward mathematics curriculum materials: Implications for teacher learning [J]. Journal for Research in Mathematics Education, 2004, 35 (5): 352.

[100] DOWNE-WAMBOLDT B. Content analysis: Method, applications, and issues [J]. Health Care for Women International, 1992, 13 (3): 313-321.

[101] HSIEH H F, SHANNON S E. Three approaches to qualitative content analysis [J]. Qualitative Health Research, 2005, 15 (9): 1277-1288.

[102] ALSCHULER A S, MCMULLEN R S, ATKINS S, et al. Collaborative problem solving as an aim of education in a democracy: The social uteracy project [J]. The Journal of Applied Behavioral Science, 1977, 13: 315-327.

[103] ALSCHULER A, MCMULLEN R, ATKINS S, et al. Collaborative problem solving as an aim of education in a democracy: The social uteracy project [J]. The Journal of Applied Behavioral Science, 1977, 13 (3): 315-327.

[104] HAYES D. Collaborative problem solving: Issues of social interaction and assessment [J]. Education 3-13, 1991, 19 (1): 23-28.

[105] BROWN M, EDELSON D C. Teaching as design: Can we better understand the ways in which teachers use materials so we can better design materials to support their changes in practice? [J]. 2003.

[106] KUMAR R. United Nations Educational, Scientific and Cultural Organization (UNESCO) Inclusive Policy Lab: Concept of Inclusive Policy into the area of Environmental Sustainability [J]. 2021.

[107] TRILLING B, FADEL C. 21st century skills: learning for life in our times [M]. San Francisco, CA: Jossey-Bass, 2009.

附 录

附录Ⅰ 北师版数学教科书中过程目标呈现统计表

课题	子课题	教科书	年级	内容领域
生活中的数	快乐的家园	Ⅰ	一年级上册	数与代数
	玩具	Ⅱ	一年级上册	数与代数
	小猫钓鱼	0	一年级上册	数与代数
	文具	Ⅱ	一年级上册	数与代数
	快乐的午餐	Ⅰ	一年级上册	数与代数
	动物乐园	Ⅰ	一年级上册	数与代数
比较	过生日	0	一年级上册	统计与概率
	下课啦	Ⅰ	一年级上册	统计与概率
	跷跷板	Ⅰ	一年级上册	统计与概率
加与减	一共有多少	Ⅱ	一年级上册	数与代数
	还剩下多少	Ⅱ	一年级上册	数与代数
	可爱的小猫	Ⅰ	一年级上册	数与代数
	猜数游戏	Ⅰ	一年级上册	数与代数
	背土豆	Ⅱ	一年级上册	数与代数
	跳绳	0	一年级上册	数与代数
	可爱的企鹅	Ⅱ	一年级上册	数与代数
	小鸡吃食	Ⅱ	一年级上册	数与代数
	乘车	Ⅰ	一年级上册	数与代数
	做个加法表	Ⅰ	一年级上册	数与代数
	做个减法表	Ⅰ	一年级上册	数与代数
分类	整理房间	0	一年级上册	统计与概率
	一起来分类	Ⅰ	一年级上册	统计与概率

续表

课题	子课题	教科书	年级	内容领域
位置与顺序	前后	0	一年级上册	图形与几何
	上下	I	一年级上册	图形与几何
	左右	I	一年级上册	图形与几何
	教室	I	一年级上册	图形与几何
认识图形	认识图形	I	一年级上册	图形与几何
	我说你做	I	一年级上册	图形与几何
加与减	古人计数	II	一年级上册	数与代数
	搭积木	II	一年级上册	数与代数
	有几瓶牛奶	II	一年级上册	数与代数
	有几棵树	II	一年级上册	数与代数
	有几只小鸟	II	一年级上册	数与代数
	做个加法表	I	一年级上册	数与代数
数学好玩	淘气的校园	I	一年级上册	综合与实践
	一起做游戏	I	一年级上册	综合与实践
认识钟表	小明的一天	I	一年级上册	数与代数
加与减（一）	买铅笔	II	一年级下册	数与代数
	捉迷藏	II	一年级下册	数与代数
	快乐的小鸭	I	一年级下册	数与代数
	开会啦	I	一年级下册	数与代数
	跳伞表演	I	一年级下册	数与代数
	美丽的田园	0	一年级下册	数与代数
	做个减法表	I	一年级下册	数与代数
观察物体	看一看（一）	I	一年级下册	图形与几何
	看一看（二）	I	一年级下册	图形与几何
生活中的数	数花生	0	一年级下册	数与代数
	数一数	0	一年级下册	数与代数
	数豆子	I	一年级下册	数与代数
	谁的红果多	0	一年级下册	数与代数
	小小养殖场	I	一年级下册	数与代数
	做个百数表	I	一年级下册	数与代数

续表

课题	子课题	教科书	年级	内容领域
有趣的图形	认识图形	I	一年级下册	图形与几何
	动手做（一）	I	一年级下册	图形与几何
	动手做（二）	II	一年级下册	图形与几何
	动手做（三）	II	一年级下册	图形与几何
加与减（二）	小兔请客	II	一年级下册	数与代数
	采松果	II	一年级下册	数与代数
	青蛙吃虫子	II	一年级下册	数与代数
	拔萝卜	II	一年级下册	数与代数
	收玉米	II	一年级下册	数与代数
	回收废品	II	一年级下册	数与代数
数学好玩	分扣子	I	一年级下册	综合与实践
	填数游戏	0	一年级下册	综合与实践
加与减（三）	图书馆	II	一年级下册	数与代数
	摘苹果	II	一年级下册	数与代数
	阅览室	II	一年级下册	数与代数
	跳绳	II	一年级下册	数与代数
加与减	谁的得分高	0	二年级上册	数与代数
	秋游	0	二年级上册	数与代数
	星星合唱队	0	二年级上册	数与代数
购物	买文具	0	二年级上册	数与代数
	买衣服	0	二年级上册	数与代数
	小小商店	0	二年级上册	数与代数
数一数与乘法	有多少块糖	I	二年级上册	数与代数
	儿童乐园	0	二年级上册	数与代数
	有多少点子	II	二年级上册	数与代数
	动物聚会	0	二年级上册	数与代数
图形变化	折一折，做一做	I	二年级上册	图形与几何
	玩一玩，做一做	I	二年级上册	图形与几何

续表

课题	子课题	教科书	年级	内容领域
2~5的乘法口诀	数松果	0	二年级上册	数与代数
	做家务	I	二年级上册	数与代数
	课间活动	0	二年级上册	数与代数
	需要几个轮子	I	二年级上册	数与代数
	小熊请客	I	二年级上册	数与代数
	回家路上	0	二年级上册	数与代数
测量	教室有多长	I	二年级上册	图形与几何
	课桌有多长	II	二年级上册	图形与几何
	1米有多长	II	二年级上册	图形与几何
分一分与除一除	分物游戏	II	二年级上册	数与代数
	分苹果	I	二年级上册	数与代数
	分糖果	I	二年级上册	数与代数
	分香蕉	0	二年级上册	数与代数
	小熊开店	II	二年级上册	数与代数
	快乐的动物	II	二年级上册	数与代数
	花园	II	二年级上册	数与代数
6~9的乘法口诀	有多少张贴画	I	二年级上册	数与代数
	一共有多少天	I	二年级上册	数与代数
	买球	I	二年级上册	数与代数
	做个乘法表	I	二年级上册	数与代数
数学好玩	班级旧物市场	I	二年级上册	综合与实践
	寻找身体上的数学"秘密"	I	二年级上册	综合与实践
除法	长颈鹿与小鸟	II	二年级上册	数与代数
	农家小院	0	二年级上册	数与代数
	分苹果	II	二年级下册	数与代数
	搭一搭（一）	I	二年级下册	数与代数
	搭一搭（二）	I	二年级下册	数与代数
	分草莓	I	二年级下册	数与代数
	租船	II	二年级下册	数与代数
方向位置	东南西北	I	二年级下册	图形与几何
	辨认方向	0	二年级下册	图形与几何

续表

课题	子课题	教科书	年级	内容领域
生活中的大数	数一数（一）	I	二年级下册	数与代数
	数一数（二）	I	二年级下册	数与代数
	拨一拨	0	二年级下册	数与代数
	比一比	0	二年级下册	数与代数
	有多少个字	I	二年级下册	数与代数
测量	铅笔有多长	I	二年级下册	图形与几何
	1千米有多长	II	二年级下册	图形与几何
加与减	买电器	II	二年级下册	数与代数
	回收废电池	II	二年级下册	数与代数
	十年的变化	II	二年级下册	数与代数
	小小图书馆	II	二年级下册	数与代数
	小蝌蚪的成长	II	二年级下册	数与代数
	算得对吗	0	二年级下册	数与代数
认识图形	认识角	I	二年级下册	图形与几何
	认识直角	I	二年级下册	图形与几何
	长方形与正方形	I	二年级下册	图形与几何
	平行四边形	I	二年级下册	图形与几何
	欣赏与设计	II	二年级下册	图形与几何
时、分、秒	奥运开幕	0	二年级下册	数与代数
	1分有多长	II	二年级下册	数与代数
	淘气的作息时间	0	二年级下册	数与代数
数学好玩	上学时间	II	二年级下册	综合与实践
	"重复"的奥妙	II	二年级下册	综合与实践
调查记录	评选吉祥物	I	二年级下册	统计与概率
	最喜欢的水果	I	二年级下册	统计与概率
混合运算	小熊购物	II	三年级上册	数与代数
	买文具	II	三年级上册	数与代数
	过河	0	三年级上册	数与代数
观察物体	看一看（一）	I	三年级上册	图形与几何
	看一看（二）	I	三年级上册	图形与几何

续表

课题	子课题	教科书	年级	内容领域
加与减	捐书活动	Ⅱ	三年级上册	数与代数
	运白菜	Ⅱ	三年级上册	数与代数
	节余多少钱	Ⅱ	三年级上册	数与代数
	里程表（一）	Ⅱ	三年级上册	数与代数
	里程表（二）	Ⅱ	三年级上册	数与代数
乘与除	小树有多少棵	Ⅱ	三年级上册	数与代数
	需要多少钱	Ⅱ	三年级上册	数与代数
	丰收了	Ⅱ	三年级上册	数与代数
	植树	Ⅱ	三年级上册	数与代数
周长	什么是周长	Ⅰ	三年级上册	图形与几何
	长方形周长	Ⅰ	三年级上册	图形与几何
乘法	蚂蚁做操	Ⅱ	三年级上册	数与代数
	去游乐园	Ⅱ	三年级上册	数与代数
	乘火车	Ⅱ	三年级上册	数与代数
	去奶奶家	Ⅱ	三年级上册	数与代数
	0×5＝？	0	三年级上册	数与代数
	买矿泉水	0	三年级上册	数与代数
年、月、日	看日历	Ⅰ	三年级上册	数与代数
	一天的时间	0	三年级上册	数与代数
	时间表	0	三年级上册	数与代数
数学好玩	校园中的测量	Ⅰ	三年级上册	综合与实践
	搭配中的学问	Ⅱ	三年级上册	综合与实践
	时间与数学	Ⅱ	三年级上册	综合与实践
认识小数	文具店	0	三年级上册	数与代数
	货比三家	0	三年级上册	数与代数
	存零用钱	Ⅱ	三年级上册	数与代数
	寄书	Ⅱ	三年级上册	数与代数
	能通过吗	Ⅰ	三年级上册	数与代数

续表

课题	子课题	教科书	年级	内容领域
除法	分桃子	II	三年级下册	数与代数
	分橘子	II	三年级下册	数与代数
	商是几位数	II	三年级下册	数与代数
	猴子的烦恼	0	三年级下册	数与代数
	节约	0	三年级下册	数与代数
	集邮	0	三年级下册	数与代数
	买新书	II	三年级下册	数与代数
	讲故事	II	三年级下册	数与代数
图形的运动	轴对称（一）	I	三年级下册	图形与几何
	轴对称（二）	I	三年级下册	图形与几何
	平移和旋转	I	三年级下册	图形与几何
乘法	找规律	III	三年级下册	数与代数
	队列表演（一）	II	三年级下册	数与代数
	队列表演（二）	II	三年级下册	数与代数
	电影院	II	三年级下册	数与代数
千克、克、吨	有多重	I	三年级下册	数与代数
	1吨有多重	I	三年级下册	数与代数
面积	什么是面积	I	三年级下册	图形与几何
	面积单位	II	三年级下册	图形与几何
	长方形的面积	III	三年级下册	图形与几何
	面积单位的换算	I	三年级下册	图形与几何
数学好玩	小小设计师	II	三年级下册	综合与实践
	我们一起去游玩	II	三年级下册	综合与实践
	有趣的推理	II	三年级下册	综合与实践
认识分数	分一分（一）	I	三年级下册	数与代数
	分一分（二）	I	三年级下册	数与代数
	比大小	I	三年级下册	数与代数
	吃西瓜	II	三年级下册	数与代数
数据的整理与表示	小小鞋店	I	三年级下册	统计与概率
	快乐成长	I	三年级下册	统计与概率

续表

课题	子课题	教科书	年级	内容领域
认识更大的数	数一数	I	四年级上册	数与代数
	认识更大的数	0	四年级上册	数与代数
	人口普查	0	四年级上册	数与代数
	国土面积	0	四年级上册	数与代数
	近似数	0	四年级上册	数与代数
	从结绳计数说起	0	四年级上册	数与代数
线与角	线的认识	I	四年级上册	图形与几何
	相交与垂直	I	四年级上册	图形与几何
	平移与平行	I	四年级上册	图形与几何
	旋转与角	II	四年级上册	图形与几何
	角的度量（一）	III	四年级上册	图形与几何
	角的度量（二）	I	四年级上册	图形与几何
乘法	卫星运行时间	II	四年级上册	数与代数
	有多少名观众	0	四年级上册	数与代数
	神奇的计算工具	I	四年级上册	数与代数
	有趣的算式	III	四年级上册	数与代数
运算律	买文具	0	四年级上册	数与代数
	加法交换律与乘法交换律	II	四年级上册	数与代数
	加法的结合律	II	四年级上册	数与代数
	乘法结合律	II	四年级上册	数与代数
	乘法分配律	III	四年级上册	数与代数
方向位置	去图书馆	I	四年级上册	图形与几何
	确定位置	0	四年级上册	图形与几何
除法	买文具	II	四年级上册	数与代数
	参观花圃	II	四年级上册	数与代数
	秋游	II	四年级上册	数与代数
	商不变的规律	II	四年级上册	数与代数
	路程、时间与速度	0	四年级上册	数与代数
生活中的负数	温度	0	四年级上册	数与代数
	正负数	I	四年级上册	数与代数

续表

课题	子课题	教科书	年级	内容领域
数学好玩	滴水实验	Ⅲ	四年级上册	综合与实践
	编码	Ⅰ	四年级上册	综合与实践
	数图形的学问	Ⅰ	四年级上册	综合与实践
可能性	不确定性	Ⅰ	四年级上册	统计与概率
	摸球游戏	Ⅰ	四年级上册	统计与概率
小数的意义和加减法	小数的意义（一）	Ⅰ	四年级下册	数与代数
	小数的意义（二）	Ⅰ	四年级下册	数与代数
	小数的意义（三）	0	四年级下册	数与代数
	比大小	Ⅱ	四年级下册	数与代数
	买菜	Ⅱ	四年级下册	数与代数
	比身高	Ⅱ	四年级下册	数与代数
	歌手大赛	0	四年级下册	数与代数
认识三角形和四边形	图形分类	Ⅰ	四年级下册	图形与几何
	三角形分类	Ⅰ	四年级下册	图形与几何
	探索与发现：三角形内角和	Ⅲ	四年级下册	图形与几何
	探索与发现：三角形边的关系	Ⅲ	四年级下册	图形与几何
	四边形分类	Ⅰ	四年级下册	图形与几何
小数乘法	买文具	Ⅱ	四年级下册	数与代数
	小数点搬家	Ⅱ	四年级下册	数与代数
	街心广场	Ⅰ	四年级下册	数与代数
	包装	0	四年级下册	数与代数
	蚕丝	Ⅱ	四年级下册	数与代数
	手拉手	Ⅱ	四年级下册	数与代数
观察物体	看一看	Ⅰ	四年级下册	图形与几何
	我说你搭	Ⅱ	四年级下册	图形与几何
	搭一搭	Ⅱ	四年级下册	图形与几何

续表

课题	子课题	教科书	年级	内容领域
认识方程	字母表示数	0	四年级下册	数与代数
	等量关系	II	四年级下册	数与代数
	方程	II	四年级下册	数与代数
	解方程（一）	II	四年级下册	数与代数
	解方程（二）	II	四年级下册	数与代数
	猜数游戏	III	四年级下册	数与代数
数学好玩	密铺	III	四年级下册	综合与实践
	奥运中的数学	0	四年级下册	综合与实践
	优化	II	四年级下册	综合与实践
数据的表示和分析	生日	I	四年级下册	统计与概率
	栽蒜苗（一）	II	四年级下册	统计与概率
	栽蒜苗（二）	0	四年级下册	统计与概率
	平均数	II	四年级下册	统计与概率
小数除法	精打细算	II	五年级上册	数与代数
	打扫卫生	0	五年级上册	数与代数
	谁打电话的时间长	II	五年级上册	数与代数
	人民币兑换	0	五年级上册	数与代数
	除得尽吗	I	五年级上册	数与代数
	调查"生活垃圾"	0	五年级上册	数与代数
轴对称和平移	轴对称再认识（一）	I	五年级上册	图形与几何
	轴对称再认识（二）	I	五年级上册	图形与几何
	平移	I	五年级上册	图形与几何
	欣赏与设计	I	五年级上册	图形与几何
倍数与因数	倍数与因数	0	五年级上册	数与代数
	探索活动：2，5的倍数的特征	I	五年级上册	数与代数
	探索活动：3的倍数的特征	I	五年级上册	数与代数
	找因数	II	五年级上册	数与代数
	找质数	II	五年级上册	数与代数

续表

课题	子课题	教科书	年级	内容领域
多边形的面积	比较图形的面积	Ⅰ	五年级上册	图形与几何
	认识底和高	0	五年级上册	图形与几何
	探索活动：平行四边形的面积	Ⅲ	五年级上册	图形与几何
	探索活动：三角形的面积	Ⅲ	五年级上册	图形与几何
	探索活动：梯形的面积	Ⅲ	五年级上册	图形与几何
分数的意义	分数的再认识（一）	Ⅰ	五年级上册	数与代数
	分数的再认识（二）	Ⅰ	五年级上册	数与代数
	分饼	Ⅱ	五年级上册	数与代数
	分数与除法	0	五年级上册	数与代数
	分数基本性质	Ⅰ	五年级上册	数与代数
	找最大公因数	0	五年级上册	数与代数
	约分	Ⅰ	五年级上册	数与代数
	找最小公倍数	Ⅰ	五年级上册	数与代数
	分数的大小	Ⅱ	五年级上册	数与代数
组合图形的面积	组合图形的面积	0	五年级上册	图形与几何
	探索活动：成长的脚印	0	五年级上册	图形与几何
	公顷、平方千米	Ⅰ	五年级上册	图形与几何
数学好玩	设计秋游方案	Ⅰ	五年级上册	综合与实践
	图形中的规律	Ⅱ	五年级上册	综合与实践
	尝试与猜测	Ⅲ	五年级上册	综合与实践
可能性	谁先走	0	五年级上册	统计与概率
	摸球游戏	Ⅰ	五年级上册	统计与概率
分数加减法	折纸	Ⅱ	五年级下册	数与代数
	星期日的安排	Ⅱ	五年级下册	数与代数
	"分数王国"与"小数王国"	Ⅱ	五年级下册	数与代数
长方体（一）	长方体的认识	Ⅰ	五年级下册	图形与几何
	展开与折叠	Ⅰ	五年级下册	图形与几何
	长方体的表面积	0	五年级下册	图形与几何
	露在外面的面	Ⅱ	五年级下册	图形与几何

续表

课题	子课题	教科书	年级	内容领域
分数乘法	分数乘法（一）	II	五年级下册	数与代数
	分数乘法（二）	II	五年级下册	数与代数
	分数乘法（三）	II	五年级下册	数与代数
	倒数	0	五年级下册	数与代数
长方体（二）	体积与容积	II	五年级下册	图形与几何
	体积单位	I	五年级下册	图形与几何
	长方体的体积	III	五年级下册	图形与几何
	体积单位的换算	0	五年级下册	图形与几何
	有趣的测量	III	五年级下册	图形与几何
分数除法	分数除法（一）	I	五年级下册	数与代数
	分数除法（二）	0	五年级下册	数与代数
	分数除法（三）	0	五年级下册	数与代数
确定位置	确定位置（一）	0	五年级下册	图形与几何
	确定位置（二）	0	五年级下册	图形与几何
用方程解决问题	邮票的张数	II	五年级下册	数与代数
	相遇问题	II	五年级下册	数与代数
数学好玩	"象征性"长跑	II	五年级下册	综合与实践
	有趣的折纸	I	五年级下册	综合与实践
	包装的学问	II	五年级下册	综合与实践
数据的表示和分析	复式条形统计图	0	五年级下册	统计与概率
	复式折线统计图	0	五年级下册	统计与概率
	平均数的再认识	0	五年级下册	统计与概率
圆	圆的认识（一）	I	六年级上册	图形与几何
	圆的认识（二）	I	六年级上册	图形与几何
	欣赏与设计	II	六年级上册	图形与几何
	圆的周长	III	六年级上册	图形与几何
	数学阅读（圆周率的历史）	0	六年级上册	图形与几何
	圆的面积	III	六年级上册	图形与几何

续表

课题	子课题	教科书	年级	内容领域
百分数的应用	百分数的应用（一）	0	六年级上册	数与代数
	百分数的应用（二）	0	六年级上册	数与代数
	百分数的应用（三）	0	六年级上册	数与代数
	百分数的应用（四）	0	六年级上册	数与代数
图形的变换	图形的变换	Ⅰ	六年级上册	图形与几何
	图案设计	Ⅰ	六年级上册	图形与几何
	数学欣赏	Ⅰ	六年级上册	图形与几何
数学与体育	比赛场次	Ⅲ	六年级上册	综合与实践
	起跑线	0	六年级上册	综合与实践
	营养配餐	0	六年级上册	综合与实践
比的认识	生活中的比	Ⅰ	六年级上册	数与代数
	比的化简	0	六年级上册	数与代数
	比的应用	0	六年级上册	数与代数
统计	复式条形统计图	0	六年级上册	统计与概率
	复式折线统计图	0	六年级上册	统计与概率
生活中的数	数据世界	0	六年级上册	数与代数
	数字的用处	Ⅰ	六年级上册	数与代数
	正负数（一）	Ⅰ	六年级上册	数与代数
	正负数（二）	Ⅰ	六年级上册	数与代数
观察物体	搭一搭	Ⅰ	六年级上册	图形与几何
	观察的范围	0	六年级上册	图形与几何
看图找关系	足球场内的声音	0	六年级上册	数与代数
	成员间的关系	0	六年级上册	数与代数
圆柱和圆锥	圆的旋转（圆柱和圆锥的认识）	Ⅰ	六年级下册	图形与几何
	圆柱的表面积	Ⅲ	六年级下册	图形与几何
	圆柱的体积	Ⅲ	六年级下册	图形与几何
	圆锥的体积	Ⅲ	六年级下册	图形与几何
	实践活动	Ⅲ	六年级下册	图形与几何

续表

课题	子课题	教科书	年级	内容领域
正比例和反比例	变化的量（感受变量之间的关系）	0	六年级下册	数与代数
	正比例	0	六年级下册	数与代数
	画一画	I	六年级下册	数与代数
	反比例	I	六年级下册	数与代数
	观察与探究	I	六年级下册	数与代数
	图形的放缩	I	六年级下册	数与代数
	比例尺	0	六年级下册	数与代数

附录Ⅱ 课堂实录的过程目标统计数据表

课堂实录	年级	课型	内容领域	教科书水平	教学水平
【课堂实录1】	五	常规	图形与几何	Ⅲ	Ⅲ
课标描述	探索并掌握三角形的面积公式				
【课堂实录2】	六	公开	数与代数	Ⅱ	Ⅲ
课标描述	理解百分数的意义				
【课堂实录3】	六	常规	数与代数	Ⅱ	0
课标描述	能解决百分数的简单实际问题				
【课堂实录4】	四	常规	数与代数	Ⅱ	Ⅲ
课标描述	能计算三位数除以两位数的除法				
【课堂实录5】	四	常规	数与代数	Ⅲ	Ⅲ
课标描述	探索并了解运算律				
【课堂实录6】	五	常规	图形与几何	Ⅲ	Ⅲ
课标描述	探索并掌握三角形的面积公式				
【课堂实录7】	六	常规	数与代数	Ⅱ	0
课标描述	能进行简单的分数混合运算				
【课堂实录8】	四	常规	概率与统计	Ⅱ	Ⅱ
课标描述	经历简单的收集、整理、描述和分析数据的过程				
【课堂实录9】	五	常规	图形与几何	I	0
课标描述	通过观察、操作等活动，进一步认识轴对称图形及其对称轴				
【课堂实录10】	五	公开	图形与几何	Ⅲ	Ⅲ

续表

课堂实录	年级	课型	内容领域	教科书水平	教学水平
课标描述	探索并掌握三角形的面积公式				
【课堂实录 11】	六	常规	图形与几何	Ⅲ	Ⅲ
课标描述	探索并掌握圆的面积公式				
【课堂实录 12】	四	公开	数与代数	Ⅱ	Ⅱ
课标描述	没有规定两位数除以两位数的目标要求，参照其他乘法，应该是"能计算"				
【课堂实录 13】	五	常规	数与代数	0	0
课标描述	会进行分数和小数的转化				
【课堂实录 14】	五	公开	图形与几何	Ⅲ	Ⅲ
课标描述	探索并掌握三角形的面积公式				
【课堂实录 15】	六	常规	数与代数	0	0
课标描述	会进行小数、分数和百分数的转化				
【课堂实录 16】	六	常规	数与代数	Ⅱ	Ⅱ
课标描述	能进行简单的分数混合运算				
【课堂实录 17】	五	公开	图形与几何	Ⅲ	Ⅲ
课标描述	探索并掌握三角形的面积公式				
【课堂实录 18】	三	常规	数与代数	Ⅱ	0
课标描述	能计算两位数除以一位数的除法				
【课堂实录 19】	四	公开	数与代数	Ⅲ	Ⅲ
课标描述	探索并了解运算律				
【课堂实录 20】	四	公开	数与代数	Ⅲ	Ⅲ
课标描述	探索并了解运算律				
【课堂实录 21】	六	公开	综合与实践	Ⅱ	Ⅲ
课标描述	经历有目的、有设计、有步骤、有合作的时间活动				
【课堂实录 22】	六	公开	图形与几何	Ⅲ	Ⅲ
课标描述	探索并掌握圆的面积公式				
【课堂实录 23】	四	公开	数与代数	Ⅲ	Ⅱ
课标描述	探索并了解运算律				
【课堂实录 24】	五	公开	图形与几何	Ⅲ	Ⅲ
课标描述	探索并掌握三角形的面积公式				
【课堂实录 25】	六	常规	数与代数	0	0
课标描述	会进行小数、分数和百分数的转化				

续表

课堂实录	年级	课型	内容领域	教科书水平	教学水平
【课堂实录 26】	三	常规	数与代数	Ⅱ	0
课标描述	能计算一位数乘两位数的乘法				
【课堂实录 27】	四	常规	数与代数	Ⅲ	0
课标描述	探索并了解运算律				
【课堂实录 28】	三	公开	数与代数	Ⅱ	Ⅱ
课标描述	能计算一位数乘两位数的乘法				
【课堂实录 29】	三	常规	数与代数	Ⅱ	0
课标描述	能进行简单的整数四则混合运算				
【课堂实录 30】	四	公开	数与代数	Ⅱ	Ⅱ
课标描述	理解百分数的意义				
【课堂实录 31】	四	公开	数与代数	Ⅱ	Ⅱ
课标描述	能计算三位数除以两位数的除法				
【课堂实录 32】	三	公开	数与代数	0	0
课标描述	能进行估计				
【课堂实录 33】	六	公开	图形与几何	Ⅲ	Ⅲ
课标描述	探索并掌握圆的面积公式				
【课堂实录 34】	五	公开	图形与几何	Ⅲ	Ⅲ
课标描述	探索并掌握三角形的面积公式				

附录Ⅲ 过程目标教学呈现与教科书一致性统计表

课堂实录	年级	课型	内容领域	与教科书的一致性
【课堂实录 1】	五	常规	TJ	一致
【课堂实录 2】	六	公开	SD	高于
【课堂实录 3】	六	常规	SD	低于
【课堂实录 4】	四	常规	SD	高于
【课堂实录 5】	四	常规	SD	一致
【课堂实录 6】	五	常规	TJ	一致
【课堂实录 7】	六	常规	SD	低于
【课堂实录 8】	四	常规	TG	一致

续表

课堂实录	年级	课型	内容领域	与教科书的一致性
【课堂实录9】	五	常规	TJ	低于
【课堂实录10】	五	公开	TJ	一致
【课堂实录11】	六	常规	TJ	一致
【课堂实录12】	四	公开	SD	一致
【课堂实录13】	五	常规	SD	一致
【课堂实录14】	五	公开	TJ	一致
【课堂实录15】	六	常规	SD	一致
【课堂实录16】	六	常规	SD	一致
【课堂实录17】	五	公开	TJ	一致
【课堂实录18】	三	常规	SD	低于
【课堂实录19】	四	公开	SD	一致
【课堂实录20】	四	公开	SD	一致
【课堂实录21】	六	公开	ZS	高于
【课堂实录22】	六	公开	TJ	一致
【课堂实录23】	四	公开	SD	低于
【课堂实录24】	五	公开	TJ	一致
【课堂实录25】	六	常规	SD	一致
【课堂实录26】	三	常规	SD	低于
【课堂实录27】	四	常规	SD	低于
【课堂实录28】	三	公开	SD	一致
【课堂实录29】	三	常规	SD	低于
【课堂实录30】	四	公开	SD	一致
【课堂实录31】	四	公开	SD	一致
【课堂实录32】	三	公开	SD	低于
【课堂实录33】	六	公开	TJ	一致
【课堂实录34】	五	公开	TJ	一致

附录Ⅳ　课堂实录 21[1]

授课时间：2018 年 9 月 23 日

授课题目：圆的面积

课　　型：公开课

【师】看屏幕上的图形，认识吗？

【生齐】认识！

【师】圆，是我们数学上很重要的曲线图形。古希腊人曾经认为圆是神赐给人类神圣的礼物。圆是非常神奇的。关于圆，我们研究过它的什么呢？

【生1】圆心、直径、半径，还有周长。

【师】圆的周长，是不是？还有要补充的吗？

【生2】怎么画圆。

【师】还有吗？你们已经知道很多了，是不是？那你们还想研究圆的什么知识呢？

【生3】我想研究圆的面积。

【师】好，那我们今天这节课就来研究圆的面积。

教师板书：圆的面积。

【师】那怎么得到圆的面积呀？这个任务可挺有挑战性的。我们一起来看看学习指南。谁给大家读一读？

教师展示 PPT：独立学习指南。

【生4】独立学习指南。

学习任务：想办法得到圆的面积。

1. 画一画、写一写。如果想知道圆的面积，你有什么方法？把你的思路画一画、写一写。

2. 想一想。你的办法有什么优点，有什么不足？你还有哪些困惑？准备和同学们交流吧！

【师】这个学习任务挺难的，是吧？我们也没学过圆的面积呀。不过，老师相信大家。开动脑筋，你一定会用自己的方法得到圆的面积。你的

---

[1] 课堂实录整理的过程中，删掉了一些冗杂的语句和语气词。

方法，一定是独一无二的。相信你自己啊！学具盒里有学习卡片。老师建议大家，只要表示出你的思路和方法就可以了。实际上，对待这么一个困难的问题，你有方法，甚至说你能大概得到圆的面积，你就已经很了不起了！如果你还能对你自己的方法评价一下，有什么优点，有什么不足，那就更了不起了！我们大家思考、学习，一会儿来交流。拿出1号学习卡片。

学生拿出学习卡片开始活动，教师拿着记录本来回巡视，观察学生的答案，并记录一些问题。

【师】时间到了，孩子们。找到办法的同学请举手。这么多同学呀。谁来和大家交流一下你的想法？来吧，那个男孩。把你的作品给大家展示一下。

学生拿着自己的学习卡片上前展示给全班同学。

【生4】我想把圆先分成很多三角形。在中国古代刘徽用割圆术求出了圆的周长，也得出一个结论：当它的边越多的时候，它越接近一个圆。那我就想把它分成很多的三角形。平均分成16个三角形，我求出一个三角形的面积，乘上16，就可以求出圆的面积。这个方法会有一个不足，就是可能不太精准。因为我就是把它分成了……

【师】怎么样，听懂这个方法了吗？有没有要问的问题，或者要补充的？

【生5】你这个方法，假如给你一个大圆，假设你量不精准，那么你就无法得出。

【生4】这个圆的半径就等于这个三角形的高。因为圆有无数条半径。

【生5】那请问你怎么得出三角形，假设你这个三角形是等边的，那这个三角形的高等于圆的半径吗？

【生4】首先，我把它平均分成16个等份。我想先算出这个圆的周长，然后把圆平均分成16份。分的份数很多，它得出的也是直线。

【师】好，他（生4）对这个方法有个正确的评价，他觉得这个方法大致能求出圆的面积，但可能不够精准。谁的想法跟他差不多？同时，他说了我们之前学习的圆周率的求法。跟他差不多的（同学）请举手。好，手放下。我们接着讨论，好像有些同学还用到了其他方法，是不是？还有没有想和大家汇报的？

【生6】首先，我在圆的内部和外边各画了一个正方形，外边是最小的正方形，里边是最大的。所以，这两个中间肯定有一个点就是圆的周长。圆的面积差不多就在大正方形和小正方形之间。小正方形的边长大概是圆的直径的四分之三；大正方形的边就等于直径。所以我认为，圆的面积就等于直径乘直径到四分之三直径称四分之三直径之间的某个数。

【生7】你怎么知道里边正方形的边长是圆直径的四分之三？

【生6】算出来的。

【生7】我看出来的是小正方形的对角线段是圆的直径。你可以用对角线来求正方形的面积，这样比较精准。

【师】接受吗？

【生6】接受。

【师】接受他的，是不是？那我有一个事，想采访采访你。你看我们这个任务明明是要解决关于圆的知识，可你怎么想到正方形了呢？

【生6】因为正方形是我们已经学过的图形，而且我们也知道怎么求它的面积，所以我尽量取和圆差不多大的正方形，我认为这可以求一个大概。

【师】圆长得圆乎乎的，差不多就跟正方形长得有点像，是不是有这个意思？

【生6】差不多。

【师】正方形面积的计算方法还学过。我看好像也有同学像他一样，使用正方形来想办法探索圆的面积，是吗？来，举手。这几个同学的想法差不多。好，后面的男孩，你有什么想法？

【生7】我还有一个方法，跟他的方法差不多。但我不是像他这种求里边的面积。我觉得外面正方形的面积和圆的面积是有关系的。我想用它们的关系来求圆的面积。

【师】跟他有相似的地方，也有不一样的地方，是不是？好，请回。好几个同学都想到了把正方形和圆联系起来，把圆看作了正方形，这个想法特别有创意，是不是？你们看，老师准备的这个跟你们想的差不多，用大正方形和小正方形把圆夹在里边。那这两个正方形，它有什么样的价值呀？

【生8】这就能确定出这个圆的面积在一个最小的和一个最大的范围之间。

【师】圆的面积大，大不过外面的大正方形；小，小不过里面的小正方形。

教师板书：$S_{小} < S < S_{大}$。

那么，只要用这个方法，用这样两个正方形把圆夹在里面，是不是我们就能确定圆的范围了？看来这两个正方形真有功劳啊。你想得真巧妙啊！那我们用联系的方法把圆和正方形联系到一起。

教师板书：联系。

那这两个正方形的面积到底有多大呀？好像不太好办，圆不一样，面积就不一样，它外面的那两个正方形也不一样。那怎么办呢？你想想看，我们能不能把这两个正方形的面积用圆的半径表示出来？这样跟圆的联系是不是就更进一步了。你要说什么？

【生7】因为它让你求圆的面积，它不可能啥也不给你，它怎么也要给你半径或者直径。所以有直径的话，就像我刚才说的，它的直径就是这个小正方形的对角线，也是大正方形的边长。

【师】所以你觉得圆的面积肯定和半径有关，是不是？你想用半径把这两个正方形的面积表示出来，是这个意思吗？那我们试试看。

教师出示 PPT。

【师】先看大正方形。我们在大正方形中找到半径，你现在能用含有字母 r 的式子表示这个大正方形的面积吗？好好看看。

【生9】它的半径是 r 的话，那圆的直径就应该是这个大正方形的边长，那 $2r$ 乘 $2r$ 就是这个正方形的面积。

【师】如果这个含有字母 r 的式子我们进一步整理，$2r$ 乘 $2r$ 我们还可以写成什么呢？

【生9】也可以写成 $4r$。不，不是 $4r$。d 乘 d。

【师】d 乘 d。行，用 d 表示是 d 乘 d，那用 r 表示呢？其他的同学给他补充。

【生4】可以写成 $2r^2$。

【师】同意吗？$2r$ 乘 $2r$ 写成 $2r^2$，是吗？原来我们计算含有字母的式子的时候，$2r$ 就是 $2×r$，这个 $2r$ 也是 $2×r$，那利用我们学过的乘法交换律和乘法结合律，$2×2=4$，$r×r=r^2$，写成 $4r^2$。

教师板书：$2r×2r=2×r×2×r=2×2×r×r=4r^2$。

【师】这个大正方形的面积是半径平方的 4 倍。它是用大正方形的边长×边长的思路来的。有没有思路跟他不一样的？

【生7】我的想法跟他也差不多。我在图上画出两条垂直的直径时，就把大正方形平均分成了 4 份，就求出一个边长为 r 的正方形的面积，再乘以

4，也可以求出大正方形的面积。

【师】你这个想法真好。用我们原来学过的组合图形面积的方法，是吧。好，那我们再看小正方形。小正方形不太容易看出它的半径，怎么办？像刚才你说的，动一动。这回看出来了吗？那你看看这个小正方形，它的面积如果用字母 r 来表示的话，怎么表示呢？能不能借鉴刚才的思路。

教师在 PPT 上设置动画，使小正方形旋转，方便学生观察小正方形的边长和圆的直径的关系。

【生10】首先，它转过来之后就分成了四个三角形，然后先看一个三角形，三角形的面积就是底乘高除以 2，就等于一个三角形的面积。然后这个正方形是由 4 个三角形的面积组成的，所以再乘以 4，就是小正方形的面积。

教师板书：底×高÷2×4。

【师】和刚才的思路相似，那我们把这个整理一下。你说。

【生11】应该是 r^2。

【师】除以 2，再乘以 4，那是几？

【生11】2。

【师】$2r^2$。小正方形的面积是 $2r^2$。那我们的想法实现了。我们用 r 来表示两个正方形的面积。我们发现，圆的面积跟半径的平方有关，是半径平方的 2 倍和 4 倍之间。那这两个正方形的功劳可真大，这种方法可真了不起，是不是？当我们面对圆这个曲线图形，一点办法都没有，束手无策，没有招儿去求面积的时候，我们先用这个方法把它固定在一个范围里。那你说这个圆到底有多大呢？有没有方法能研究出来？好像不太好研究，你能不能确定它到底是半径的平方的几倍呢？好像也确定不了，那你猜一猜。随便猜，你感觉是几倍？

【生12】我感觉应该是 3 倍。

【师】那你感觉 3 倍，和他一样的举手。不一样的举手。你感觉几倍？

【生13】π 倍。

【师】哎呀，π 以前我们可学过，你怎么感觉出 π 倍了呢？采访采访你。

【生13】我有一种方法能求出它的面积。

【师】就是你已经有方法求出来了。你挺厉害啊，你都不是凭感觉得出来的。谁感觉出来的跟他是一样，也是 π 倍，举手。也有自己算出来的是不是？好，手放下。到底是不是呢？我们一会接着研究。看看你的感觉准不准。刚才有两个同学汇报自己的方法了，可能有同学跟他们一样。好像还有同学用到不同的方法了，谁来说说你的方法。

【生14】我的方法是画格子。我的方法是用 1 平方厘米的格子平均分，画出了这些格子，我就数一下，一共有 4 个完整的格子。比如说这个格子不太完整，大概是一个完整格子的三分之二，这个格子是完整格子的三分之一，所以我把他们俩个拼凑起来，拼成一个完整的格子，我就这么拼拼拼，然后就拼出了这个圆的面积。

【师】拼拼拼，拼出来的到底是多少？

【生14】好像是十几。

【生8】我刚才看了一下，大概是 12。

【生14】对，12 个。

【师】他帮你数，是 12 个，是不是？

【生14】对。

【生15】我觉得你的方法有点瑕疵。你怎么能保证第一个格子是三分之二，第二个格子就是三分之一呢？

【生14】我不能保证，所以我只能确定一个大概。

【生8】如果不用这种方法，你真能求出一个圆的非常精准的面积吗？你觉得它不精准，可是我觉得每种方法都有好处，也有坏处。得到一个大概的范围，我觉得已经不错了。

【师】真高兴你能用欣赏的眼光来看每个同学的方法。确实是，每种都有优点，可能也有不足，是不是？你可能是针对他的不足，给他补充一点，让他更完美一些，是不是？这我得帮帮他了。不管你们觉得占三分之一也好，还是占四份之一也好，人家一直强调，我这个结果是怎么样的？唉，是大概的。数格子的技巧有时候是不一样的。那没有关系，他这种方法能够得到一个大概的结果，是不是？好，感谢你。这个方法我听明白了，你们都一直想得到一个数，这回得到了多少？

【生齐】12。

【师】12。行，他数出了这个圆的面积是 12。那刚才我们用第一种方法得到圆的面积的范围在半径平方的 2 倍和 4 倍之间。我们同学猜可能是 3 倍，我们看看是不是这么回事啊？它的面积是 12。然后半径的平方是几呀？

193

你们量没量，它的半径的平方是几？

【生齐】4。

【师】半径是2，半径的平方是4。那我们算一算，看最后得到的倍数是几？

【生齐】3。

【师】3。那我就说，圆的面积就是半径平方的3倍，同意吗？咋不行？那个女孩。

【生15】因为你只经过了一次计算，得到的结果不精确。应该就是3次以上得到这个结果，如果都是3倍左右，那才是3倍。

【师】哦，你觉得我算的次数少，然后我次数再多点就好了。你们的想法是什么？

【生16】我觉得这个方法有点误差。如果你得的准确结果是12，那得到的绝对是一个准确的。但是12多少是差那么一点的。所以我认为不是3倍。

【师】就是像他说的那样。我们这个方法是有误差的，误差是来自哪？

【生17】误差来自一些曲线，我们求不出它们的面积来。

【师】边上的这些需要估算，所以这一部分是不准确的。准确的有吗？

【生齐】也有。

【师】哪儿呀？

【生齐】中间的。

【师】中间的。那我们用这种数方格的方法能不能减小误差呢？你说，怎么办呢？

【生18】我认为可以把格子分的再细一点，再密一点。

【师】你的想法和她一样吗？分的再细一点，再密一点，误差就小了。我们看看是不是这样？

教师借助PPT讲解。

【师】现在我们可以数出的有这么大，剩下的全是估算出来的。如果让方格变小，能准确数出的面积，怎么样？

【生齐】变大了。

【师】变大了。估算的部分变少了。再看，怎么样？

【生齐】变大了。

【师】如果这样分下去能准确数出的面积？

【生】越来越多。

【师】越来越多。需要估算的面积？

【生】越来越少。

【师】越来越少。再分下去，你想到什么？你说吧。

【生8】它可能分成0.1。

【师】跟我们数出的面积怎么样？非常非常接近圆的面积了，这回你的目标达到了吧。数吧。容易数吗？

【生齐】不容易。

【生19】因为格子太多，数不过来。

【师】太麻烦了。那我们能不能像原来学过的那些直线图形一样，有准确的计算方法呢？谁探索出来了？我看有的同学已经要把自己的（想法）展示给大家了。

【生5】我是把这个圆平均分成8份，然后我把它们组成了一个平行四边形，这个平行四边形的长是圆的半圆的周长，高是圆的半径。

【师】说完了？有同学好像没明白呢。谁听明白了，可以给他补充。谁的方法跟他差不多，那你们是一个学习团队。你们要负责给他补充。你们的想法是一样的，你们都到前面来。你来给他补充，有问题的同学赶紧问。评价一下这个方法怎么样？

【生20】我觉得它的高，应该不是圆的半径。因为半径是一个斜线，斜线怎么可能是高呢，对吧？如果这个底是圆的半个周长。

【师】他这个拼法你看明白了，是吗？

【生20】是。

【师】他把这个圆剪开了。你看是不是这么回事呀？他把圆沿着半径剪开，变成了这个样子，是吗？下面的也剪开，剪开之后让它们两个拼在一起，最后拼成了这个样子。你的问题是？

教师边讲边用教具演示这个过程。

【生20】我的想法是，在这个图形里面，圆的半径像一条斜线，如果底是这条线的话，那么圆的半径肯定是在这，所以是相对于这个底的一条斜线，它不是垂线。

【师】它应该是垂直的，可它却是斜的。

【生20】如果你把它分的特别细的话，可能它就无限接近于直线，应该是可行的。但是它现在是这样的，其实它的误差是比较大的。

【生5】是因为我画的不是那么细。我可以把它平均分成16份，也可以分成32份，能更细。然后我也做不到非常精准，把它分得越来越小，它的弧度就越来越平。但我能大概地看一眼，就是很像。所有的弧合在一起的，所以底就是圆周长的一半。然后这个高呢，也只能说做到大概那么精准了。

【生21】我不是反对你，我是支持你。就是你看这个图，它的这个位置是半径，是吧？那从这条线上连下来，就不是半径了吗？因为圆是有无数条半径的，从这个点往圆周上的任何一条线段都叫半径。所以它的垂线也是半径。

【生5】我给他（生21）补充一点啊。我也大概明白他是什么意思，它可以是在这个位置画一条直线，也就是这个位置，这边垂直，这也就是个四边形。这完全是可以做到非常精准。

【师】好了。我听懂大家的意思了。大家讨论得真好，是带着思考的。他现在拼成的这个图形，有的同学觉得不是平行四边形，有的同学说是平行四边形。但是现在看起来可不咋像呀。你们同不同意？哪儿不像？

【生22】老师，每一个三角形下面的每一条边都是曲线，不是直线。

【师】连起来就像波浪线一样。它底下应该是直的，但现在是波浪线，所以它现在是一个不合格的平行四边形。是不是？那它不是平行四边形，但有同学说是，你们怎么想？

【生23】因为作为平行四边形底的都是圆上面的，而圆上面是不可能有任何一条直线的。所以我觉得尽管它无限的分下去，但永远都不可能是平行四边形。

【师】那这些同学想把圆拟变成了平行四边形。我想问问，你变成平行四边形的目的是什么呀？

【生22】它变成平行四边形的目的是，把这个圆平均分成若干份，这样拟拼成一个我们学过的图形，就能求出这个圆的面积。

【师】平行四边形是我们学过的图形。那我们用"转化"的方法可以把圆转化成平行四边形。

教师板书：圆——平行四边形；转化。

现在的矛盾就是，大家觉得这个平行四边形不咋像。那么，能不能像我们平常说的那样，继续分下去，就会变直呢？有的同学脑袋里面已经有自己的想法了，请发表你们自己的意见吧。我们眼见的是虚的，我们自己做的是实实在在的。我们就真正地试试看。你看我这个像吗？

【生齐】像。

【师】唉，挺像的，比你的那个像。那你们看这个像吗？我按照刚才的方法去拼，像吗？

教师展示PPT。

【生齐】不像。

【师】弯弯曲曲的，一点儿也不像。那到底怎么办呢？我们做一做，感受一下。每个小组老师都给大家准备了这样四个不同的圆，你可以利用这四个圆来探索一下，是不是平均分的份数越多，最后拼成的那个图形就真的接近了直线图形？那这个学具里有的份数少，有的多，你打算怎么用？能完成这个学习任务吗？你想怎么用？

【生24】我觉的应该是小组一起用，因为一个人不可能在两分钟之内分出那么多，所以我觉得小组合作比较好。

【师】怎么合作？一个人一个圆，还是？

【生24】一个人一个圆，然后分别剪开之后，再进行小组讨论，就能发现规律。

【师】把每一个都剪开，剪完之后像刚才那样拼，这是她的想法。你们呢？

【生5】就是有4个圆，我想选两个有代表性的，然后研究两个就够了。

【师】研究的时候也像他们一样把圆剪开，拼到一起，是吗？

【生25】我觉得大家应该把所有的圆都凑到一块儿一起整。

【师】一起拼。这确实太麻烦了，一个人干起来太费劲，所以大家想一起拼。那这个这么多，你把每一个都剪开，每一瓣都像刚才那样拼起来？我觉得好像不是最好的办法。为了看它这个边是不是接近直线图形，你只要怎么办就可以了？

【生14】我认为应该每个圆剪一部分，拼成平行四边形，小组再一起。

【师】每个圆剪一部分，把剪开的部分拼在一起，就能看出它边的变化趋势，是不是？是不是比全剪开拼在一起要简单点。我们也可以完成学习任务。所以，学具在使用的时候，你可以动脑筋去想一想，在比较简单、比较快捷的条件下去完成学习任务。好了，各个小组开始吧。

学生开始小组学习任务，教师来回巡视，观察学生的答案并鼓励学生动手操作。

【师】大家注意分工合作！别忘了放在一起比较一下。摆完的小组可以坐好了。

【师】好了，没摆完的小组也先暂停。我看大家都忙得够呛呀。来吧，说说你的发现，或者可以说说自己的感受。

【生26】我发现就是分得份数越多，误差就越小。

【师】哪个误差，这个波浪线？

【生26】波浪线的误差就越小。

【师】越接近？

【生26】越接近平行四边形。

【师】好，越接近平行四边形。那条线就越来越直了。有没有跟她不一样的？

【生23】我感觉它还不是特别像直线。但这种分的方法，在圆上，计算的时候是可以实现的。

【师】比如说？

【生23】比如说，当这个圆的半径或者直径是整数的时候，圆的周长肯定是π的倍数，在计算里，就可以把圆的周长除以……

【师】怎么知道是π的倍数呢？

【生23】因为计算的时候，是直径乘π，得到周长。然后把它分成314份，就是整数的。因为π是3.14，然后我就把它往后挪了几位，把它除以314，大概就能得到一个数。

【师】你说得好深奥啊。听懂了吗？

【生8】咱现在还不知道正确的公式，为什么就是π倍？

【师】就是你心中是这么想的，想着用π倍去乘，是不是？那我们先看看啊，刚才的学具我们真的摆完了。

教师用PPT展示剪切4个圆，以及最后拼接成的图形。

摆完之后，你也看到4个圆是按照这样剪拼，最后变成平行四边形的样子。有同学说，它就会变成一个平行四边形。现在分的份数还是有限的，如果再接着分，刚才我们的同学分的很吃力，这时候让电脑帮忙，接着分。

教师用PPT演示这个无限分下去的过程。

份数更多了吧，怎么样？

【生1】按照我们的肉眼来看，基本上已经算一条直线了。其实还不是。

【师】说得真棒啊。肉眼来看，已经很像了，咋其实还不是了呢？为啥呀？

【生2】因为不管它怎么分，都是从圆上取下来的，圆的那个边永远是弧形，它不可能成为平行四边形的那条直线。

【师】你能说出这个想法真好。这么多同学都有自己的想法呀。谁还没有发过言呢？

【生27】圆是一个曲线图形，没有任何直线。

【师】所以，它拼出来一定不能有直线，是吗？刚才大家的想法呀，实际上，历史上很多的科学家都有过类似的这样的困惑，这是谁呀？

【师】哥德巴赫，啊，不是，阿基米德，我说错了。确实是像你们刚才说的这样，是阿基米德。阿基米德是一个特别了不起的数学家，他也有过这样的困惑。在历史上，好多数学家，经过几千年的探索，到了现代，已经有科学家研究出来，当这种无限接近，分得特别细、特别细，分得特别特别短，每一份下面的小横线可能变成了一个点，然后点和点连接起来，就会无限的接近一条直线。在数学上，我们把无限接近，看作就是。那么这个平行四边形，我们就可以把它看作合格的、真正的平行四边形。好了，现在我们把它看成平行四边形之后，我们的目标别忘了啊。我们是想探索它的计算方法，那你能不能找一找圆和平行四边形之间的联系，就像我们原来探索面积的计算方法那样，请一位同学给大家读一读。

教师用PPT展示学习任务卡片。

【生28】独立学习。

1. 观察分析圆和平行四边形各部分之间的联系。

2. 说一说或写一写，尝试得到圆面积的计算方法。

【师】请大家拿出学习卡片。

学生开始小组学习任务，教师来回巡视并观察学生的答案。

【师】好，老师调查一下啊，找到它们之间的联系的请举手。可能还有同学没能找到。接下来，我们在小组里面交流一下。

好，抬头看。

教师用 PPT 展示学习任务卡片。

小组学习指南，阅读。在小组汇报的时候要注意有理有据地说明自己的方法。一会儿我们请小组到前面来汇报。好，现在小组里面来轮流交流一下。

学生开始讨论，教师来回巡视并观察。

【师】已经有两个小组完成任务了，其他小组加油！

【师】都完成任务了，是吗？好，都完成任务了，我们分享一下每个组的汇报，哪个小组先来呢？都想来呀？那你们组吧。

【小组1】我们先把圆平均分成很多份，拼成了近似于平行四边形的长方形，平行四边形的底和圆的周长的一半是相等的，所以它就是圆的周长的一半，或者是圆的半径乘以 π。而平行四边形的高就相当于圆的半径。平行四边形的（面积）公式是：底×高。这个底就相当于圆的半径乘以 π，这个高就相当于圆的半径，由此我们得到这个圆的面积就是 $πr^2$。

【师】你们和她一样吗？一样的小组举手，有没有给她补充的。说，我们组啊，说的比她还有理。你们说吧。

【小组2】我全程都是用英文字母表示的。我认为他们组都能说出来，我能更明显一些。把这个圆拆了，组成这个，等于平行四边形。平行四边形是底×高，这个底呢，在图 1 中，它是圆的周长的一半，也就是 $πr$。这里的高呢，也就是半径，所以我们得出的结论，圆的面积就是 $πr^2$。

【师】补充得更加完整了。结论跟他一样的同学请举手。好，你们小组的汇报非常精彩，感谢两个小组。我们抬头看屏幕，刚才我们每一个小组确实是都探索出了圆和平行四边形的联系，利用平行四边形面积的计算方法，我们探索出了圆面积的计算方法。你现在默默地看一遍，是不是这样？再回顾一遍。

教师利用 PPT 再次演示这个过程。

【师】它相当于圆的……

【生齐】圆的周长的一半。

【师】相当于……

【生齐】高。

【师】平行四边形的面积是……

【生齐】底×高。

【师】底，是周长的一半，默默看。最后就可以写成 $πr×r$，整理一下，就是 πr^2。现在我们终于推导出圆面积的计算方法了。

教师板书：$S=\pi r^2$。

那你观察这个计算方法，和我们刚才所想的，是半径平方的多少倍？

【生齐】π 倍。

【师】π 倍。一定是半径平方的 π 倍。不是我们刚才猜的那个 3 倍。好，这个 π 啊，看来特别神奇，它在圆周长中是直径的 π 倍，现在，在圆的面积中，是半径的平方的 π 倍。那这个神奇的 π 起到了很大的作用。今天，好多同学实际上还有很多不同的方法。比如说，有的同学想，现在我们把圆转化成了学过的平行四边形。那我们能不能把圆转化成其他学过的图形呢？比如说，三角形、梯形，这些都是我们学过的图形，有同学受启发，也可以这样去做。甚至我们课前还有同学说我不用像刚才那样，把圆剪开，还得拼起来。我们分割这个圆的方法，就像刚才第一位同学，求出每一个小三角形的面积也是可以的。这些方法都是很多数学家在探索圆的面积的过程中的一些想法，跟我们的同学是一样的，所以我们同学的想法是非常的了不起的。老师要给你们鼓掌，我要感谢你们，也给自己鼓掌！那这些方法啊，我们下课回家之后继续探索，我们明天上课继续交流。你还有什么问题？

【生 29】我觉得这个还可以写成 d 的平方乘以四分之 π。

【师】你可以用直径来表示，是不是？圆的面积既可以用半径来表示，也可以用直径来表示，是两种不同的表示方法。这是他自己想到的，可能我们还会有一些问题，然后我们下节课再交流，好不好？这节课就上到这啊。下课！